ちくま学芸文庫

城と隠物《かくしもの》の戦国誌

藤木久志

筑摩書房

城と隠物《かくしもの》の戦国誌【目次】

地図・図版　鳥元真生

城と隠物《かくしもの》の戦国誌

はじめに

「身構えた社会」への出発

一世紀以上も戦争が続いて、当時から「戦国」と呼ばれた時代。人びとは、どうやって家族を守り、家財を守ったか。その世の現実を、見直してみよう。

戦国といえば、私たちはまず城を思い出すが、これまで城は、「階級支配の道具」（村田修三[1]）といわれ、村びとの暮らしとは無縁のものとされてきた。また、銭などを穴に埋めて隠すことも、広く知られてはいたが、これも中世の「信仰の呪術」（橋口定志[2]）と説明されることが多く、村びとの日常生活とは無関係であった。

中世の城郭研究も考古学の研究も、戦国の村びとの暮らしの現実とは、大きな距離があったように思う。合戦は武士の世界で、村びとは、戦争とは無関係であった、といいきれるのだろうか。

思えば、私たちの生きる現代もまた、「身構えた社会」そのものではないか。地震や水害の惨禍などのあいつぐ報道におびえて、いつしかわが家でも、三日分の水や乾パンや炭や七輪やトイレットペーパーなどを、秘かに物置に用意している。世界を覆う金融の危機、インフルエンザの恐怖、地球の温暖化がもたらす、得体の知れない環境の悪化……。

そのなかで「身構えた社会」「自分の身は自分で守る時代」の再来。それは現実であり、昔話でも、虚構でもない。

こういう現実の緊張感や皮膚感覚は、私たちの歴史の見方を深めるための、大切な出発点である。合戦を見世物とする、安穏・無事な歴史の世界こそ、じつは虚構に過ぎなかったのではないか。

戦国の村びとの危機管理はどうなっていたのだろうか。

本書の主題

本書では、その疑問を、Ⅰ（前編）・Ⅱ（後編）の二編に分けて、戦場を生き抜いた村びとたちの姿を追ってみよう。

その一は「戦国の城」である。村や町に戦争がきたとき、城は地域の危機管理センターとなり、人びとの生命維持装置でもあったのではないか。

導きの糸は、意外にも外国の城郭にあった。村びとの避難所となった城の例が、数多く紹介されているからである。

その二は、「村の隠物《かくしもの》・預物《あずけもの》」である。戦場から逃げるとき、運びきれない大切な家具・家財や、農具・家畜、様々な食糧、あるいは来年の作に欠かせない大切な種籾《たねもみ》など、それらをどうやって保全したか。

この問題について、いま考古学の発掘現場は活気を帯びている。人びとが身を隠したり、モノを隠したりする「隠し穴」や、地下式坑（地下室）をもつ中世集落などの発掘調査の成果が、その動向を解くカギになるかもしれない。

ここでは、ときには少し文献を離れ、考古学の現場を訪ねて、考古学者たちとの対話を楽しむことにしよう。

I

城は民衆の避難所

一　中国古代の城郭の原像

1　城と郭、そして村へ

城と郭は別のもの――中国都市のイメージ

広大な中国の古代（紀元前八世紀後半頃〜）の城郭《じょうかく》について、コンパクトに語られた本がある。中国史家・愛宕元氏の『中国の城郭都市』(1)である。

その冒頭ちかくに、いきなり「城《じょう》」と「郭《かく》」とはちがうのだ、とあった。これは驚きであった。ここに、そのポイントを、①〜⑤に分けて、抜き出してみよう。

①西周《せいしゅう》期（前一〇五〇年頃〜）から春秋《しゅんじゅう》期（前七七〇年〜）になると、「内城外郭式」が出現する。民居区を囲む外壁が、従前より強化されてくる。この外壁を郭《かく》と称し、領主の住む内壁を城《じょう》という。つまり内城と外郭という二重構造が明確となるのは、こ

の時期である。

②城とは内城、郭とは外郭であり、本来、内外の異なる城壁の呼称であった。

③郭内住民のほとんどは農民であった。彼らは朝に郭門を出て、郊外の一定範囲に広がった耕地で農耕に従い、日暮れとともに、郭内に戻ってくるという、生活パターンであった。

④やがて戦国時代(前四〇三年〜・前四五三年〜の両説がある)になると、内城は事実上なきに等しい状態となり、もっぱら外郭の強化が図られるようになる。非常時における防衛の拠り所であった内城に代わって、外郭を強化することによって、全域で外敵に抗するようになり、ここに内なる城と、外なる郭の区別が消滅する。

⑤以後、「城郭」という語は、一つの熟語として通用されるが、本来は別々の字義であった。

このうち、③の指摘が、ことに大切である。

これら①〜⑤によれば、中国古代には、領主の「城」と民衆を保護する「郭」とを合わせた、城と郭との二重構造(内城外郭式)をもった「城郭都市」が広がっていった。それが、のち(紀元前五世紀初め頃)になると、ついに城と郭は一体化し、「城郭」と呼ばれるようになった、という。

城郭は方形が普通で、規模も大きく、あの中国の広大な平原に、一辺が三〜四キロメートルを超える城郭も珍しくはなかった。しかも、その周りを取り巻く、郭壁の厚さも一〇〜二〇メートルにも達し、高さも五メートルを超えていた。その郭壁は、敵の襲来に備える数少ない城門によって、厳重に守られていた、という。

規模の大小というだけではない。城郭には数多くの農民たちが住んでいた！ 日本の城郭論との、じつに大きなちがいである。ここに、戦国の城と村びとたちの関わりを考える、大切な手がかりがありそうである。

古代都市の本質は農業都市だった

だから、その性格を、中国史学の泰斗・宮崎市定氏は、「中国古代に都市国家が存在したと信ずる」と、いい切っていた(2)。しかも、その「国家」は「普通に集村型の聚落《しゅうらく》と称せられる一つ一つの聚落が、即ち都市国家なのである」ともいう。

「戦国時代の都市」の章では、さらに、こう断定していた。「(中国の)城郭都市の本質は農業都市であった」と。夜明けとともに郭を出て、田野で働き、日暮れと共に郭へ帰る。「都市」と聞けば、私たちは、雑踏で賑わう商業都市を、つい思い浮かべてしまう。だが、先にみた愛宕氏の③の指摘を、思い出してみよう。郭の住民は、ほとんどが農民であった。彼らは陽《ひ》のあるうちは、郭から郊外の平原に出て、田畠を耕し、夜の暮らしを「郭」に守られて、安らぎを得ていた。

だから、郭のもつ食糧の自給自足ぶりは、じつに高度であったろう。だが宮崎氏によれば、その生産物は、広く天下を周流（流通）していたわけではなかった。まだ商業は発達していなかったからだ。古代の城郭都市を語るとき、「都市」の語にひかれて、そこがじつは「農業都市」であったことを忘れてはいけない、と。

また、こうもいう。城郭は、郭のなかに住む多数の農民に、耕地を割り当てることができるような、広大な沃野の中央に位置し、郭内の農民たちに、城外に広がる沃野の耕地を割り当てて、自給自足させておけばいいはずであった。

だが、実際問題としては、やがて、穏やかな平和が続けば、城郭内の人口が多くなりすぎ、郭外の耕地も不足してくる。それに、初めは平均して分割されていた耕地も、いつしか住民の間に貧富の差が生じ、有力者が貧民の耕地を併呑する、という弊害も生じた。さらに戦争が起きる度に、いよいよ強弱・貧富の差が開いていった。

その「農業都市」とは、大集落が城と結びついた、人民の密集地域であったのだ。耕地も失って、生産から遊離した市民が増えると、自分たちが食うために、戦争を歓迎する好戦の気風も強くなった、という。皮肉な現象が日常になっていった。

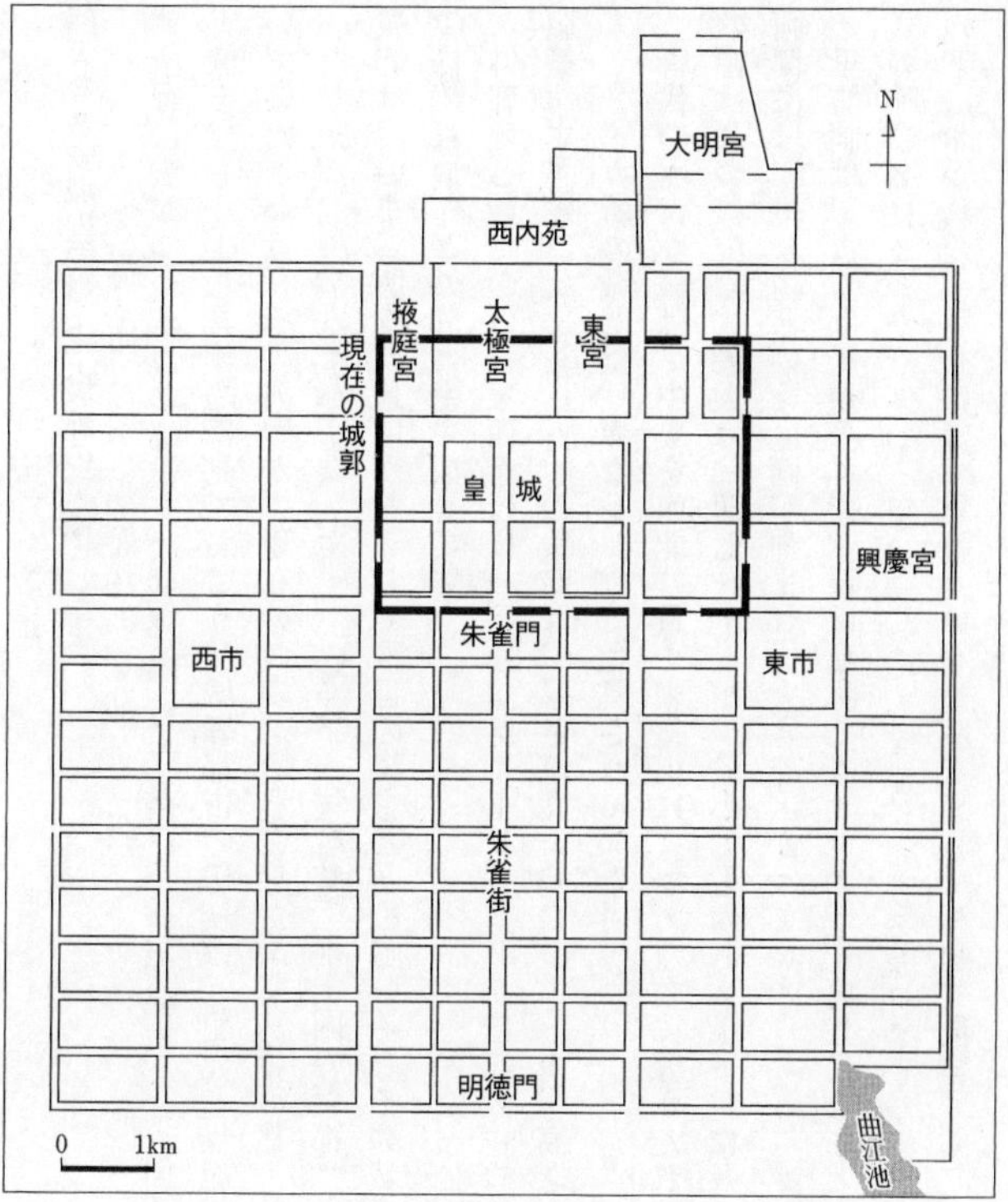
大明宮
N
西内苑
掖庭宮
太極宮
東宮
現在の城郭
皇　城
興慶宮
朱雀門
西市
東市
朱雀街
明徳門
曲江池
0
1km

長安城郭図

巨大な長安城の面影――城郭の実像

沃野に広がった「農業都市」の城郭論に迫る前に、城郭都市（都市国家）というものの実像を、もう少し具体的に見ておこう。城郭都市の伝統は、紀元七世紀以後になっても続いていたという。その典型が、現在の西安（陝西省《せんせい》都、かつての唐の都・長安）である。

たとえば、唐（六一八〜九〇七年）の時代、「合わせて十王国の首都」といわれた長安の城郭は、いま、西安の地にかろうじて後世の姿をとどめている。その城と郭は、もと内城（宮城・皇城）と外郭とから成っていた。

外郭城というのは、東西がほぼ一〇キロメートル、南北がほぼ九キロメートルに及び、版築《はんちく》（土を堅くたたき締めた）の城壁は、厚さが九〜一二メートル、高さがほぼ五メートルで、一三カ所の城門は、みなレンガで化粧されていた。(3)

唐代の巨大な城は、中央を南北に貫く朱雀街《すざくがい》によって左右に分かたれていた。その街路の幅はじつに広く、最大は一四七メートル、最小でも六七メートルに及んでいた。(4) 街路の両側には、里・坊という区画が刻まれ、大きく広がっていた。

里坊制は、古くは里が公称で、坊は私称であったのが、唐代になると、逆転して坊が正式の呼び名になった。ふつう里は一〇〇家を単位とする集団をいい、複数の里正《りせい》（村長）の下におかれた。周りには、里牆《りしょう》という堅固な垣根で村里を防禦することが励行された。

一つの坊の戸数は、おそらく数百家に上り、坊正《ぼうせい》もおかれたが、安全・秩序を守る警察的な役割は薄く、むしろ里正がその任を果たした。

周囲ほぼ四〇キロメートルに城門がわずか一三というのは、およそ三キロメートルごとに一つの門、ということになる。城内に住む民衆の生活には、やや不便であったにちがいないが、それだけ城郭の守りが堅固であった。

つまり、四方へ数キロメートルにも及ぶ、巨大な城郭の大半が、もとは周辺に耕地をもち、生活する、多くの農民たちの居住区であった。領主は広大な外郭を民衆に提供し、夜間の安全を保障することで、生活も生産も軍事も成り立たせていた。城郭によって、城主と民衆は共存していたことになる。

なお、ほぼ日本の中世に当たる、十三世紀半ばから十七世紀ころの瀋陽《しんよう》（中国遼寧省都、奉天）の都市プランも、方形で、周囲は三六キロ余りあり、民衆の居住区は郭内の北辺にあったという。(5) 城（城主）と郭（農民）の一体となった、城・郭の二重構造という特徴から、日本の戦国の城をみる、貴重なヒントになる。

漢代の聚落も城郭をもっていた

次に、こうした巨大な拠点城郭を離れ、唐代をさかのぼって、普通の小さな城の姿を探ってみよう。これについても、先にみた宮崎氏に、魅力あふれる研究があった。その驚くべき証言の跡をできるだけ辿ってみる。

わずかに紀元後に入る前漢代（紀元前二〇二〜紀元八年）から、後漢代（紀元二五〜二二〇年）になると、紀元前から続いてきた県・郷・聚《しゅう》・亭《てい》（訓みは日本風）などと呼ばれた大小の集落も、みなその周囲に城郭を持っていた。亭のような小さい聚落までも城郭をもっていた、というのであった。これらは、まさに「村の城」ではないか。

「村の城」。それは古代中国では、「ごく当然のことであった（ただ、城郭をもたない小聚落も少しはあった）」と、宮崎氏は、地域ごとに広がる、小さい村の城の例を、たくさん挙げていた。

郷・聚・亭とは、規模の大小の違いだけで、上下関係のある統治組織というわけではなく、いわば兄弟の関係にあり、互いに本質的なちがいはなかった。その中の庶民の住まいが、やはり里と呼ばれた。だから、地方の農民も、ほとんどが城内の里に吸収され、城外の居住者はごく少数であった。

日本中世の村にも

この「村ごとの城郭」という中国の情報を知って、私には思い出すことがある。

知友の伊藤正義氏が、中世末（慶長二年＝一五九七）に彩色で描かれた、越後（新潟県）北辺の「岩船《いわふね》郡絵図」と、国（文化庁記念物課）の求めに応じて全国で行われている城館

調査のうち新潟の調査結果とを付き合わせて、こう結論していた。(7)

「岩船郡絵図」には二五九の村が描かれているが、近年の城館調査の結果からみると、二つの村に一つの自分たちの城館（オイラの城・ムラの城）があったことになる、と。

また、こうもいう。旧大字《おおあざ》ごとに城館跡があった、と。ただ、それは中・山間地だけのことで、山奥の村や平地の村では見られない、と。日本の中世末、つまり戦国の村も、村ごとに城を持っていた。この事実は、古代中国の村と、面白い対比になる。

ただし、日本の山奥の村に城がないというのは、山奥の山間そのものが城＝避難所であったからで、「村の山小屋」の存在は、驚くほど数多く、文献に遺されている。(8) さらに平地の村は、中・山間地の城館や山奥に、人びとが避難したり、家財を隠したりした。その実例はⅡ（後編）で詳しく述べよう。

城壁のある古代の聚落址をすべて掘る

一九五〇年代のことであった。中国の前漢頃まで続いたとみられる、西古城（午汲古城、河北省武安市午汲鎮北方）の廃址が、全部そっくり土の中から発掘された。

それは、もと郷か亭と呼ばれたらしい聚落址で、周囲に長方形の土城（土塁）を巡らし、内部は街路によって、一〇の区画に分けられていた。それぞれの区画は里にちがいない。

この遺構は、後漢の応劭《おうしょう》が、「十里一郷」「十里一亭」といっていたのに合致する。

五井直弘氏[9]によれば、この古城は、東西八八九メートル、南北七六八メートルの矩形という、中国ではやや小ぶりな城壁をもち、城壁の高さは三〜六メートル、基底の幅は八〜一三メートルで、四方にそれぞれ、城門址らしい城壁の断欠がみられた。

城内は、中央を東西方向に幅六メートルの街路が貫通し、南北には二・五メートル幅の四条の街路があった、と想定されている、という。その街路に区画された一ブロックは、東西は一七五メートル、南北三八〇メートルと、それほど大きくはない矩形の「里」が一〇個あって、それぞれの周囲を牆垣《かきね》が囲んでいた。

この聚落（郷か亭）と内部を区画する牆垣、それらの全体を囲む高い城壁。それは、いわば二千年前の「村の城」の実情をありのままに示す、貴重な発掘例であった。

戦国の京都にも「囲われた町」があった

一方、日本の城の研究を進める福島克彦氏は、戦国の京都の町について、こう紹介している。十五世紀半ば、応仁・文明の乱の開始と共に、「構《かまえ》」「構中《かまえちゅう》」「惣構《そうがまえ》」「要害《ようがい》」という言葉が、戦場となった京都（洛中・洛外）に数多く出現する、と指摘していた。福島氏はこれらを「防御集落」と呼んだ[10]。市民は集落の生産活動を維持したまま、生活空間自体を防衛するために、外側に「構堀《かまえぼり》」を設け、そこには橋も架け、「土居《どい》」（土塁）も築いた。洛外の村々にも「在所《ざいしょ》の構」が数多く維持されていた。

それらの「構」は、「惣中《そうちゅう》」（村びとたちの共同体）の力によって積極的に維持され、町《まち》衆《しゅう》の力量（下からの強い要望）によって、主体的に支えられていたという。

守られた集落というのは、じつは徳政一揆《とくせいいっき》の来襲を強く意識していた気配だ、ともいう。つまり、商人たちの下からの推進力も大きかった。彼らは洛中の東南端に位置する東寺に「惣構」を築き、それは商人たちの独力で運営され、維持された、という。

後漢末の動乱から生まれた「村」

中国では、大小を問わず、どの城郭も、人口が増えると、やがて農民たちは城の外にはみ出し、そこに新しい里（集落）が出来ていった。初めは、農耕に便利で、しかも急襲する敵からすばやく身を守るために、城門の近くに耕地をもつことを競い、その地を「負《ふ》郭《かく》」とか「帯郭《たいかく》」（すぐ城に逃げ込める、郭門に近い安全な耕地）といった。郭外の一等地であった。

だが、その安全地帯（負郭・帯郭）は、やがて里のなかの有力者（のちの豪族）に独占されていった。里内でも貧しい人びとは、やむなく城から遠く離れた地に、新しい耕地を求めて、いつしか城郭の暮らしから脱出し、広く拡散していくようになった。その先には自然に「村」ができた。多くの散村が各地に発生していった。

そうした傾向に、後漢末から、三国（魏・蜀・呉、二二〇～二六五年）・西晋（二六五～三一六年）にかけての、長い動乱（戦争）が拍車をかけた。新しい村は、どうやって動乱から身を守ったか。

宮崎市定氏は、それには二つの道があった、という。[11] その①は臨時的な防禦施設としての「塢《う》」の流行であり、その②は恒久的な集落としての「村」の成立であった。そして、郷にかわって村の制が広がっていった。それは大きな社会変動であった。それらは、新この変動に乗って庶民の間に大きく広がったのが、仏教や道教であった。それらは、新しい精神の支柱となって、新しい村のなかに深く浸透していった、という。この①と②の移ろいを、谷川道雄氏[12]に学びながら、もっと具体的に見ておきたい。

塢から村へ

乱世に生まれた「塢《う》」というのは、周りに土塁・障壁を巡らせた、自衛のための新しい砦《とりで》ないし堡塁《ほるい》であった。それらは、新村とも村塢《そんう》とも呼ばれ、そのリーダーは塢主《うしゅ》とも呼ばれた。いわば「村の城」であった。面積はそう広くないが、入り口だけに築かれた城壁は高く堅固で、周囲の三方は自然の天嶮《てんけん》・要害、という地に築かれていた。

塢は平地に土塁を高くして設けることもあったが、むしろ多くは三方に山をもつ、険阻《けんそ》な山間に立地し、広く分布していた。これについては、そうした地形を表す「雲中塢」（雲のたなびく深山の村）など、塢のつく地名が広く分布していることから、よく知られている。

日本でも、同じ地形に注目する樋口忠彦氏は「背後に山を負い、左右は丘陵に限られ、前方にのみ開いているというタイプの景観」を「蔵風得水《ぞうふうとくすい》」型景観と呼び、「母のふところのような、心のなごむ穏やかな景観」(山深い懐に抱かれた村)ともいっている。(13)

中国の国内が繰りかえし動乱の状態になると、奥が行き止まりになった深い谷間を利用して、一方だけ開いた側(谷の入り口)を土塁で固める、という簡便な造りの塢が多くなった。だから、防禦する力にはすぐれていた。戦術武器の進歩で、これまでの平地の郷や亭の城郭も役に立たなくなり、見捨てられていったからだ、と解釈されている。初め、それらは敵前線の城砦《じょうさい》(軍事施設)であったが、やがて、民衆の避難所(中世村落の一つの形)として普及した、という。

六朝《りくちょう》時代の東晋の詩人・陶淵明《とうえんめい》(三六五〜四二七)の「桃花源記《とうかげんき》」に詠まれるユートピア(桃源郷)は、こうした深山に潜む塢(隠れ里)の光景を描いたのではないか(中国史家・陳寅恪の説)、ともいわれている。

その塢あるいは塢壁《うへき》の大きさは、たとえば、後漢末に董卓《とうたく》の築いた万歳塢《ばんざいう》は、高さも厚さも七丈(約一六メートル)もあり、周りは一里一〇〇歩(約五五三メートル)で、蓄えられた穀物は三十年分もあった、という。(14)

戦国日本の山間の城

ところで、三方を囲まれた険阻な山間の城といえば、美濃《みの》（岐阜県）の土岐《とき》氏の大桑城《おおが》（守護の館）も、東美濃の山懐《やまふところ》に築かれていた。近江《おうみ》（滋賀県）の浅井《あざい》氏の小谷《おだに》城の「御屋敷」も清水谷《きよみずだに》の谷奥に位置していた。谷全体が武家屋敷地区であり、谷の入り口付近には沼地状の低湿地があり、谷を塞ぐ人工的な防禦施設があったらしい。町屋地区はこの谷とは別の北谷にあり、ここも山の上の城と直結していた(15)。同じ近江の京極《きょうごく》氏の城も、同じような地形環境であるという。

山奥の村の要害として、よく知られているのは、近江の湖北（琵琶湖の北）に位置する菅浦《すがうら》（滋賀県西浅井町菅浦）である。この村は三方を湖水に、後ろを山に囲まれ、そこは「やわた山に警固をすえ」「白山を陣」としていた（『菅浦文書』(16)）。陸地からは行き止まりの湖の奥地に位置していて、村の入り口には「大門の木戸」が立っている（同前）。

琵琶湖の海賊集団に正面から襲われれば、防禦するのは難しいが、陸地からの攻撃には、この湖水際の門を守るだけでよい。このような谷間や山懐の村の城というのも、気を付けてみれば、もっと多く見つかるのではないか。

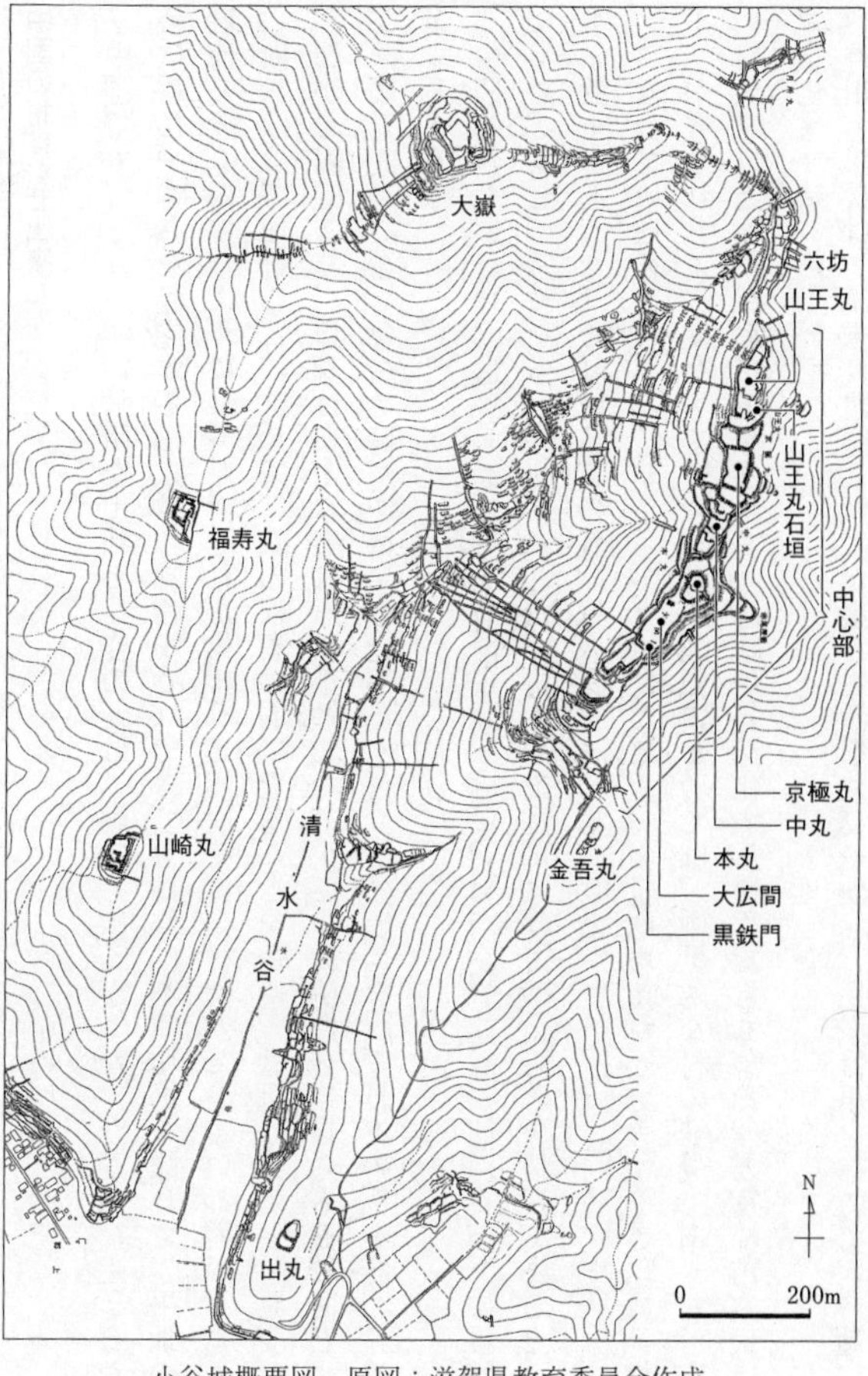

小谷城概要図　原図：滋賀県教育委員会作成

中国の村はなぜ出来たか

中国でも、守りやすい険阻《けんそ》な土地と耕作の便は、両立しにくかった。だから、生きるために耕しやすさを優先する村人は、身の安心はできても耕作に不便な塢を離れて、平地の耕地の近くに住むようになった。それが集まって、次第に「村」ができていった。散らばって住むことによって、敵の掠奪の的になることを避け、戦乱が来ると、物資はどこかに隠匿して、自身は安全なところに逃散《ちょうさん》した。小さな敵襲なら、自らも武器をとって防衛した。この「物資の隠匿」の実像については、「Ⅱ（後編）」で日本の例を詳しく追ってみよう。

中国の新しい村は、城郭内の里での共同生活で育まれた、相互扶助（助け合い）の維持に努め、新しい宗教をもその紐帯《ちゅうたい》とした。村人も動乱によって鍛えられ、農民であるとともに武士であった。それは日本の戦国民衆ともよく似ている。

こうして、唐の時代（六一八～九〇七年）になると、中世的な農村ができ、そこには「村正」が置かれるようになっていった。中国史にとっては、中世的な村の発見であった[17]。

動乱の時代は、郷制が破壊されて、村制が普遍化する過程でもあった、と宮崎市定氏は結論している[18]。

谷川道雄氏は、漢末に飢饉と戦乱が里の生活をおびやかし、民衆は里を捨てて、各地に流亡し、人里はなれた場所に聚居《しゅうきょ》した。それが村であった、という。唐令《とうれい》（唐代の法令）に「邑居《ゆうきょ》にあるを坊《ぼう》といい、田野《でんや》にあるを村《そん》という」といった。田野のなかの「村」の成立であった。それは、都市と農村のはっきりした分化が、公に認められたことを意味していた。この点もまた、戦争さなかの日本の村の変動ぶりを探る、大切な手がかりになりそうである。

2　中国兵法にみるサバイバルの作戦

「堅壁清野」の習俗

いつの頃であったか。中国の『聖武記《せいぶき》』九（魏源撰、一八四二年。中国清末の愛国経世の書）に、「堅壁清野」という、次のような文章が目にとまった。(19)それは、古代以来の軍事政策の一つで、「堅壁清野《けんぺきせいや》」と呼びならわされた。それは、突然村を襲う敵や賊に対して、自主の力で村々を守る策であるという。

民に勧めて、土の堡《ほ》（砦《とりで》、堡砦《ほさい》・堡塁。「土石をつみ上げて造った小城(20)」）を修築し、めぐらすに深溝をもってし、……あるいは、十余の村をもって一堡となし、あるいは数十の村

をもって一堡となし、賊近づけば、すなわち更に番をして守禦《しゅぎょ》し、賊遠のけば、すなわち、暇《ひま》に乗じて耕作す、

つまり、敵（賊）軍の襲来に備えるため、民衆に勧めて、集落の周りに土石を積み上げて小城を築き、さらにその周りには深い溝を巡らす。ときには、十余りの村々を、ときには数十の村々を、同じように一つの堡塁で囲い込む。もし敵が近づけば、ただちに交替で防衛にあたり、敵軍が遠のいたら、その暇に耕作に励めばいい、というのである。

もともと私のいう戦国の「村の城」「村の山小屋」は、この記事をヒントに、山奥や山間などに、村びとたちがひそかに設けた小城、を想定してみたのであった[21]。

ここには、戦争が近づくと、一つの村をそっくり、ときには、いくつもの村々をまるごと、土塁や深い堀で囲いこんでしまう、ずっとスケールの大きい村の城、あるいは村々の城造りが語られている。福島克彦氏が明らかにした、戦国京都の惣構が思い出される[22]。

ところで私は、中国の十九世紀中頃の書を、日本の戦国の城を語るのに、引用していたことになる。そこで改めて『アジア歴史事典』[23]3を引いてみると、「けんぺきせいやのさく　堅壁清野の策」が、独立して立項されていた。

その要旨だけを、次の①〜③に、まとめてみよう。

①城壁の守りを堅くし、田野にあるものを除去して、敵を窮地におとしいれる、軍事上の政策で、中国古代の兵法家いらい、しばしば主張された。

②外寇《がいこう》や内乱で、城郭のない農村の、人や物などの資源に略奪の主力がそそがれた場合、適当な場所に農村全体を移動し、砦を築いて自衛させる戦術であった。

③兵乱と、防備手段としての城郭とは、中国史を通じ、中国農村の変化・発展に、大きな影響をおよぼした。

これら①〜③を読んで、私はホッとした。「堅壁清野」というのは、十九世紀中頃だけの話ではなく、じつに古代（紀元前）以来、ほとんど全中国史を通じて使われてきた、戦争時の民衆のサバイバル（敵による掠奪の阻止）に深く関わる、軍事史上の大切な用語だったからである。

戦場の村々の惨禍については、先に西洋史の山内進氏が『掠奪の法観念史』(24)でつぶさに語り、その後、私も『雑兵たちの戦場』(25)で、その一端を明らかにした。だが、中国の戦場では、時にそれよりもっと大がかりな、もっと徹底したスケールで、軍隊による「現地調達」という名の、激しい人や物の略奪にさらされていたようである。

それだけに、中国の村々では、どうやって村びとを戦争被害（略奪や殺傷）から守るか、いかにして敵の調達を阻止して孤立させるか、という作戦が、「兵法」レベルの問題として、ほぼ全中国史を通じて語られ、現実にくり返し駆使されていたらしい。そんな様子がくっきりと見えてきたように思われた。

このような城郭による緊急の囲い込み作戦が、徹底した兵粮《ひょうろう》攻めを伴って、古代中国（二世紀）の動乱期には、すでに各地に大きく広がっていたらしい。戦場となった集落は、この強力かつ強引な「堅壁清野」作戦で、惨禍にさらされていたことになる。

「堅壁清野」の作戦は慣行として長く続いた

堅壁清野について、専論を書いたのは、日比野丈夫氏である。[26] 氏は、とくに明末〜清末（十七世紀半ば〜二十世紀初頭）にわたる時期の、郷村防衛策としての堅壁清野を、「戦術というより、むしろ慣行であった」という、やわらかい手触りで、自立した村の自衛の習俗とみて、詳しく追究していた。

「堅壁清野」は、長く村の自衛の習俗であった、というのであった。

はるか後、清朝の嘉慶年間の初めの十年間（一七九六〜一八〇五）、湖北に起こった白蓮《びゃくれん》教の乱への対応策が、その豊かな情報を提供する。全く無防備な村落は、いたずらに賊（白蓮教徒）に宿舎や食糧を提供し、根拠地になるだけである。これを阻止するには、それぞれの地方の便宜にしたがって、あらかじめ十数村や数十村ごとに一つの塞堡《さいほ》を造らせ、深い溝を掘り、土山を築き、賊が来たら交替で守り、賊が去ったら耕作をする、というようにするしかない。

こうして、自発的な郷村の自衛手段として、実効をあげていった。この方策が「堅壁清野の議」などと呼ばれて、その記録がいくつも伝存している、という。

この堅壁清野の慣行を、内側から支えたのが、「郷勇団練の法」であった。それは、一定の戸数または村落をもって「団」とし、各戸から壮丁（郷勇、働き盛りの屈強な若者）を選んで軍事教練を施して、敵や賊の防衛に当たらせる。装備も食糧も郷民の自弁であり、これが堅壁清野の慣行を底辺で支えた力であった。つまり、この策を支えたのは、村の自力であった。

山寨《さんさい》（山中の砦）の築造はとくに「険峻《けんしゅん》厳重」を旨《むね》とし、周りに石塁を築き、外側には壕（堀）を掘る（堅壁）。寨の奥には柴や薪（燃料）と水源のあるところが望ましい。老幼男女となく、郷民たちはみなその寨の内に入るのだから、家屋を建てなければならない。寨中の家屋は一時的な草葺きの小屋が多いから、火の用心が必要であった。食糧・銀・財宝はすべて寨の中に運び、家に貯えることを許さない（清野）。寨堡の構築も維持も守備も、みな経費自弁の大仕事であった。

ただ、中国西南部の四川《しせん》地方では、大きな寨（避難所）が発達したが、陝西《せんせい》や湖北・河《か》南《なん》では、小規模な寨が各地に林立し、互いに連絡を取り合っていた、という。これらの地方は、古く長安（陝西省西安）に都があった頃は、繁栄を誇ったのであったが、中国の重心が、汴京《べんけい》（河南省開封《かいほう》）や北京など、東方へ傾いていくとともに衰退し、明代を通じて、華北の流民の潜入のもっとも著しい地方となっていた。流民の総数は、明の成化十二年（一四七六）の調査によれば、四三万九〇〇〇人近い人数にのぼっていた。その七割が河南の丘陵地帯にいた、とみられている。あいつぐ飢饉もまた連鎖的にこれらの地方を襲った。

日本の戦国にも「堅壁」の習俗はあった

戦いに備えて、村に「堅壁」を巡らす。これと似たような風景は、日本の中世にもあった。たとえば、よく知られている大和《やまと》（奈良県）の環濠集落、あるいは一揆衆《いっきしゅう》が抵抗の拠点とした和泉《いずみ》（大阪府）の「百姓の持ちたる城」などの原像に近いだろうか[27]。

あるいは、十五世紀の中頃、琵琶湖北岸の菅浦では「一味同心《いちみどうしん》候て……要害をこしらえ」たという（「菅浦文書」[28]）、この「村の要害」などは、むしろ、先にみた塢に近いだろうか。

また近江南部では、村々が課役を滞納し、取り立ての使いがくると、「諸口を切り塞ぎ」村に籠もって抵抗するため、大名側もすっかり手を焼いていた（「六角氏式目」二三条[29]）。上総《かずさ》（千葉県）の海村でも、永禄年間頃（一五六〇年代）、「郷中開《あ》け候と号し、門・道など掘り切り、……踞《うずくま》り」という、自力による強硬な村の囲い込みが報じられていた（「原

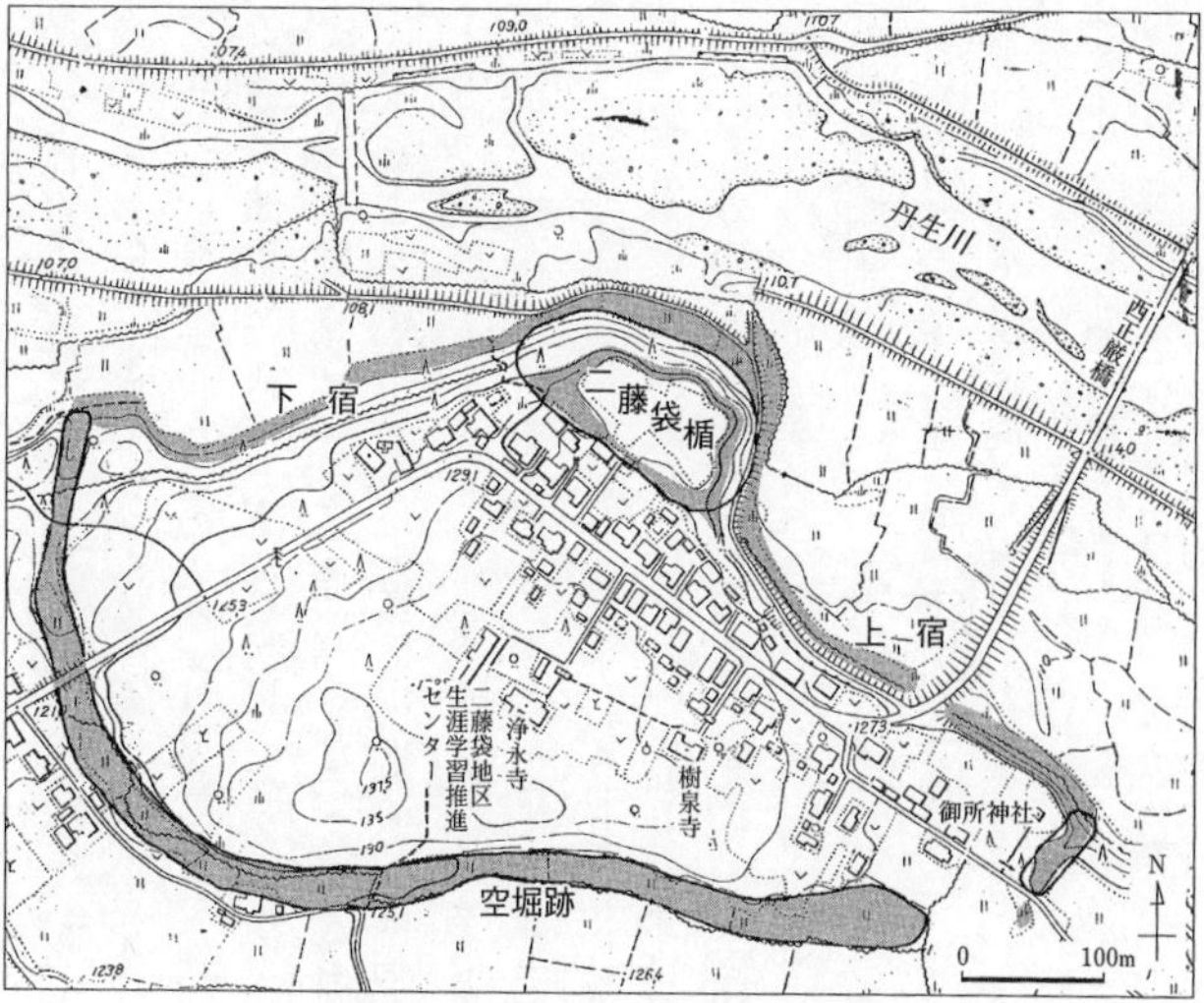

二藤袋楯と外郭　原図：大類誠氏作成

文書[30]」）。

戦国の村をそっくり囲い込んだ土塁や堀。そんな遺構が、現代の日本にもないだろうか。

そう思って、ある晩秋の日、私は考古学の大類誠氏に導かれて、山形県のある村（尾花沢市大字二《に》藤袋《とうぶくろ》）の一帯を歩いた。そのときのことであった。

眼下の丹生《にゅう》川の大きな流れに向かって迫《せ》り出すように、舌状の河岸段丘が広がっている。その高い急崖の上に、上宿《かみじゅく》・下宿《しもじゅく》の二つの集落を、丹生川に向かって、外側から半円形に取り囲むように、深い堀を巡らした光景が広がっていた。堀の外側は一帯の水田であった。土地の古老はこの堀を「外堀《そとぼり》」と呼んでいた。大きな外堀と大川の崖に囲まれた、二つのムラとの出合いであった。

さらに、その舌状台地の先端（外堀の内側）は、大地の先端を掘りきった深い堀と土塁で三方が囲まれ、他の一方は丹生川の断崖になっていた。ほぼ長方形のこの狭い一画は、ここの小《こ》字《あざ》名によって「二藤袋楯《だて》（館）」と呼ばれている。

かつてこの楯を報告した大類氏は、ここには「大堀河内守の楯」という伝承もあるが、「大堀」「河内」といった、地形さながらの人名を疑い、領主の館というよりは、むしろ非常の際に村人が一時的に逃げ込んだ、村の避難所だったのではないか、と推測していた[31]。

さらに、千葉県房総の台地上では中世集落の発掘調査が盛んに行われており、戦国期（十五世紀半ば）を画期として集落のあり方に変化が見られるという。この時期に風土に合った独自のスタイルの屋敷や集落が生まれ、城郭化する集落もあったという[32]。考古学側から発信された、注目すべき情報である。私は戦国期に大きな集落移動が起きていた可能性があるのではないか、と考えているが、どうだろうか。この情報は、さながら堅壁清野策を連想させて、まことに興味を引かれる。

次に、日本の清野策を、追ってみよう。

「清野」の策を日本の戦国に探す

「清野」の習俗は、戦国関東の拠点城郭にも、確かにあった。

①たとえば、鉢形城《はちがた》（埼玉県大里郡寄居町《よりい》）の場合、武田信玄の襲来という急報が入ると、鉢形城主（北条氏邦《ほうじょううじくに》）は、領域の村々に、こう指令していた。「まもなく敵が来るから、私の許可なしに、よそへ兵粮（米穀）を出してはならぬ」と。あたかも稲作の収穫が終わった頃であった。信玄の軍も、その刈り取った熟稲《じゅくとう》を狙って、鉢形城領へ「稲さらい戦争」に出動しようとしていたのではないか。

ときは永禄十二年（一五六九）十月二十三日であった。明らかに、氏邦も清野作戦をとっていた。それればかりではなかった。人びとの身柄の保護も問題で、それぞれの村ごとに、自前の避難所に退避すべし、とも指示していた(33)。村々が危機管理の能力を、自力で備えていた。そのことにも注目しよう。

②天正十一年（一五八三）九月二十七日には、厩橋城《うまやばし》（群馬県前橋市）を占拠していた北条方が、城内に籠もっていた領域の村びとたちに「早々、郷中へまかり帰るべし」と指示していた。これは、村びとを村に帰して、熟稲の収穫をさせ、兵粮を敵に奪われないようにしよう、というのであったろう。稲の収穫期を過ぎようとしていた(34)。

③天正十六年（一五八八）正月、岩付《いわつき》（埼玉県さいたま市岩槻区）城主の北条氏房《うじふさ》は、領内の村々に、「岩付領内の兵粮は、岩付大構の内へ移せ」と、強い指示を発令してい

時期にあたっていた。正月といえば、熟稲を刈り取ったばかりで、村の食糧（兵粮）にまだ余裕のある時期にあたっていた[35]。

食糧を城内に集中せよという③は、明らかな清野作戦であった。日本の戦国でも、それは単に城内の兵粮確保というだけではない、敵軍に現地調達を絶望させる、基本政策として、とられていたのではないか。

これに領民を城内に避難させる指令（①の北条氏邦令に併記されていた）とあわせてみれば、堅壁清野作戦が、戦国の戦いの習俗となっていたことは、明白なのではないか。その時の鉢形城の戦闘については、後で詳しく述べよう。

二　西欧中世の城郭の原像を探る

1　中世ドイツの城郭

ドライハウゼンの城を掘る

中世ドイツの歴史にも、城と民衆の緊密な関係をうかがわせる豊かなヒントが、考古学の側から発信されていた。八世紀前半頃に造られたという、ドライハウゼンと呼ばれる、ゲルマンの城の全面発掘の情報である。この中世初めの城の特徴を、以下の①〜③にまとめてみよう。

①ドイツのマールブルク近郊に位置するドライハウゼンの城は、八世紀前半頃にはじまる、フランク系の中規模の城であった、城跡は、西から東に向かって突き出した小丘陵の先端部の、疎林のなかにある。東西二〇〇メートル、南北一〇〇メートルほどの

長方形の城塞で、その遺構の周囲には、現代まで一〜二メートル幅の土塁の囲壁と空堀が巡り、全体は西側が三分の一、東側が三分の二という、二つの区画からなっていた。

②東側の低くて広い区画を下城塞（ウンターブルク *Unterburg*）、西側の高くて狭い区画を上城塞（オーベルブルク *Oberburg*）と、考古学者は呼んでいた。下城塞からは土器片の出土がほとんどなく、居住の痕跡をとどめていない。それに対し、上城塞からは多くの土器片が出土しており、小教会堂跡など、建物の遺構らしいものがいくつか認められる。

③以上の発掘状況からみて、下城塞は、危急のとき、周辺住民を緊急避難させるためのもの、考古学でいう避難城塞（フルフトブルク *Fluchtburg*）ないし民衆城塞（フォルクスブルク *Volksburg*）であり、上城塞は代官として送り込まれた、豪族の居館であった。当時の城塞とは、だいたいこのようなものであった(1)。

たまたまマールブルクに留学中であった平城照介氏が、その現地で全面発掘の途中経過を見たという。このゲルマン（フランク系）の小さな城もまた、周辺民衆の緊急避難のために、豪族の居住域の倍ほどの広さを持つ、民衆城塞を常備していたことになる。

つまり、このドイツの城も、中国でいう城と郭から成る、文字通りの城郭であった。中国の城・郭の面積比ともよく似ている。以上の①〜③は、文献による伝承ではなく、現場の発掘成果から見た、考古学側の解釈だというのが、とくに貴重である。

ただ、古代中国の城・郭と、この城跡とは、大きくちがう点もある。それは、中国の「郭」にあたるゲルマンの下城塞は、民衆の日常の居住の場ではなく、危機のときだけの緊急避難の場であった（だから、発掘しても遺物も建物の跡も出てはこない）、という点である。

この中世のゲルマンに「緊急避難の城塞があった」、というドイツ考古学が見せてくれた解釈は、日本の戦国の城を追っていく上に、中国の城郭よりも参考になりそうである。

「城をめぐる生活」から

ドイツの中世の城は、これまで、どのように語られてきたか。ドイツ中世史の渡邊昌美氏の「城をめぐる生活」(2)にも、心引かれる中世城郭像が、語られている。ここからも、城は民衆の緊急の避難所であったという、①〜③でみたのと同じような事情が読み取れる。そのごく一端だけを④⑤に紹介しよう。

④（中世初期の城では）緊急時に避難してくる領民を収容するから、面積の広いのが特徴で…一・五ヘクタール程度……。

⑤（十二世紀のロマネスクの城郭は）天守《ドンジョン》を軸心に、二重・三重の城壁を、同心円また

は内接円の形で広げる構成、貝殻囲壁《アンサント・コキーユ》が特徴である。最も外側の城壁と、二番目のそれとの間の、いわゆる外廊《バス・クール》は、職人の居住や、避難民のための区画だが、……。

この④⑤からも、ドイツ中世の城が、その初期からロマネスクの時代（十二世紀）にわたって、あらかじめ戦時の避難民を予想して、かなり広い面積を用意したり、外郭を「避難民のための区画」にあてたりしていた様子がよくわかる。

中世ドイツの城郭の素顔

このようなゲルマンの城のあり方については、野崎直治『ヨーロッパ中世の城』[3]が、広く一般化を試みて、次のように述べている。ここにも大切なヒントがある。

⑥一般にゲルマンの城砦は、「民衆城塞」「避難のための城塞」「環状塁壁」などと呼ばれ、「城主城塞」に比して、避難所の規模が大きく、多数の人びとを受け入れることができた。

⑦「民衆城塞」は、周辺諸村におよぶ、ゲルマン貴族または豪族の支配の拠点であったが、また戦時には、貴族は一族郎党とともに、周辺の多数の住民と、かれらの家畜に、保護の手をさしのべ、城塞に収容した。

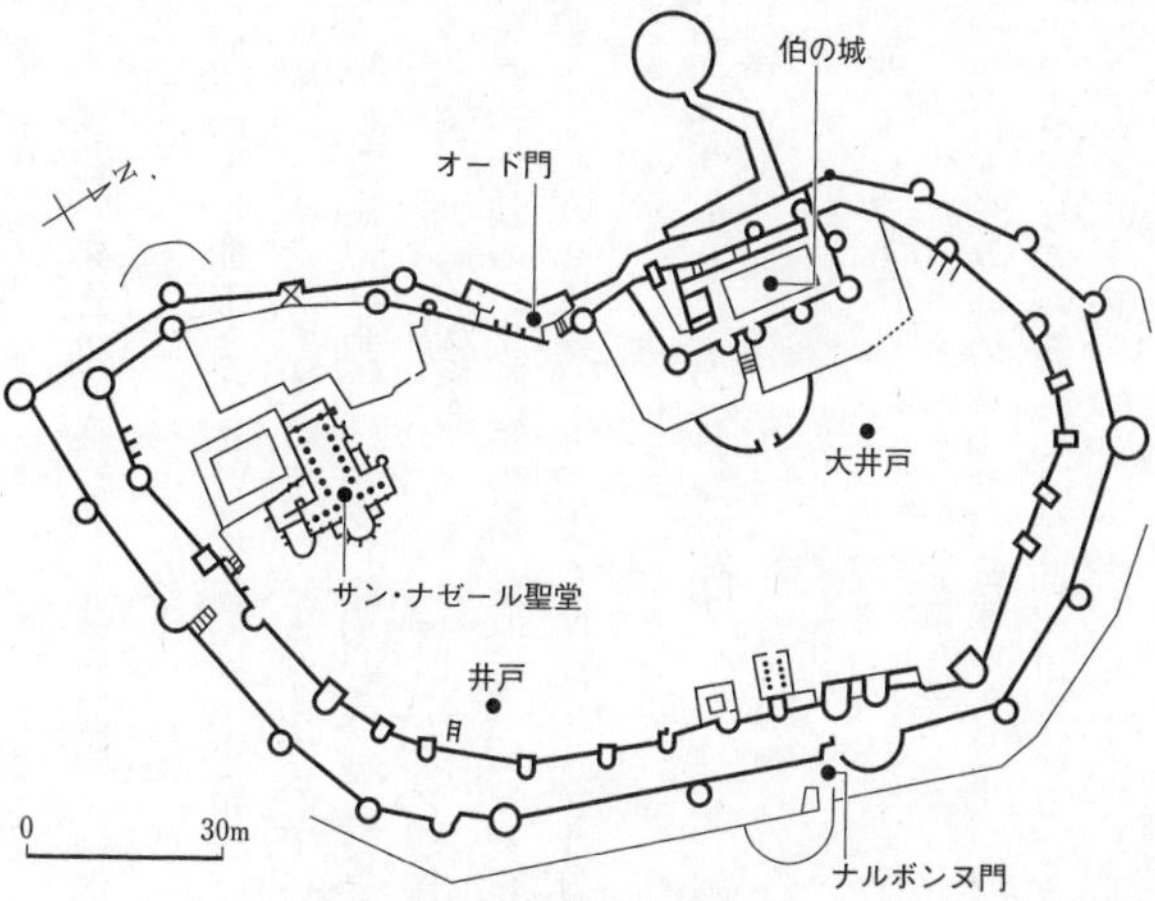

カルカソンヌ城郭図

⑧「民衆城塞」または「避難のための城塞」は、少なくともヨーロッパ中世に普及した、城塞の原像とみることができるであろう。

ここでは、とくに、先にドライハウゼンの城で見たような、中世ヨーロッパでの「民衆城塞」「避難のための城塞」の広がりに注目し⑥、そこには「周辺の多数の住民と、かれらの家畜」にまでも保護の手をさしのべ⑦、これを「城塞の原像」とみて⑧、しかも、それは「城主城塞」よりも規模が大きかった⑥、と語っているのが重要である。

なお、近年イタリア中世史の研究では、①城 *castello* と集落 *villa* とが、十三世紀頃になると接近し、やがて一体化する。

②複数の集落が協議して、共同で領主に保護を求める。

とか、

③領主と都市とが互いに支援協定を結び、双方の利益のために城を造る。

という事実なども注目されるようになっている。[4]

ともに城（領主）と集落（村）との深い交流に注目が集まっている形勢である。

このうち①の動向などは、発掘によって出土する遺物から見て、日本の十五世紀頃に、房総の台地の中世集落のあり方に大きな変化が見られ、孤立していた屋敷が城郭化する例もあるという指摘[5]とも、よく符合して、注目される。

2 「ブルク」のもつ意味

ブルクという言葉

現代ドイツ語のブルク Burg は、ヨーロッパの中世都市に由来する名の末尾に付けられて、現存していることは、よく知られる。それらが、それぞれいつの時期にさかのぼるのか、私は知らない。

この語には、①城、②避難所、③保護、という三様の意味がある。[6] この②避難所と③保護という城の意味は、私にはまことに新鮮な驚きであった。

城主罰令権=ブルクバン

ところで、ブルクという語は、ドイツ中世史の研究では、しばしば「ブルクバン *Burgbann*」の問題とともに論じられてきた。それは専門用語として、もっぱら城主の裁判管轄とか裁判権といった「城主罰令権《ばつれい》」という和訳で、学界に通用してきた様子である。ドイツ中世史研究者の間では、この訳語には、一般に「城主の領域裁判権の強大さ」が含意されているようである。

ところが、先の野崎直治氏説によれば、本来、「ブルクバン」という語は「築城のための城主の住民動員権」を意味したらしい。中世の城主は、領域の村々の住民を築城夫役に義務として動員して、堀を巡らし、土塁や木柵によって囲った、単純・素朴な城塞を築いた。したがって、この「城主の住民動員権」つまり「住民の築城夫役の義務」は、じつは「住民の城塞避難権」と対応し、本来、両者はきわめて緊密な関係にあったという。

ドイツ中世史の服部良久氏の示唆によれば、ブルクバンの語は、「罰令権」というより、「城主の平和維持権」と訳す方がふさわしいという。

これらは、城郭と民衆の関わりの原点を突く、とても大切な見方である。つまり、「城主の民衆動員権」と「民衆の危機避難権」という二つの権利・義務は、領域の城をめぐる習俗といえるほどに深い対応関係にあった。その可能性が大きいようである。

この事実もまた、日本の戦国城郭の見方を掘り下げ、深める上で、まことに重要なヒントである。

次章からは、日本では、戦場の民衆はどのような対応と行動をとったか、その危機管理や生命維持の装置は、どう作動していたかを、正面から問うていこう。

三　危機管理の習俗の発見

1　寺社の責任と役割

鎌倉・鶴岡八幡宮の危機管理

さて、いよいよ本題の戦国日本の城郭世界に入り込んでみよう。中国やヨーロッパの城郭論からもらった、多くのヒントを、どこに、どう活かせるか。日本の領主の危機管理ぶりは、異国のそれとどうちがうか、どこかに共通点はないか。それが、これからの焦点である。

まず、戦国には地域の領主でもあった寺社が、地域の危機管理センターの役割を果たしていた。そのことは、たとえば、鎌倉の鶴岡《つるがおか》八幡宮の場合、十六世紀のごく初頭に確認することができる。これまでの歴史の研究で、寺社といえば、日本の中世では「無縁の場」とか「アジール」とか、近世史では「縁切り寺」とか「駆け込み寺」などの語でよく知られる[1]。そこでは、もっぱら寺社のアジール（避難所）の問題として、長く論じられて、厚い研究史をもっている。だが、この章では、あくまでも「戦争の中の寺社像」が主題である。「戦場の寺社の危機管理」は、果たして、どう問われてきたか。

それは、永正九年（一五一二）、動乱＝内戦の時代が、いよいよ本格化しはじめた頃のことであった。関東では新興の大名であった早雲寺（伊勢《いせ》宗瑞《そうずい》＝北条早雲）が、南相模《さがみ》の小田原城（神奈川県小田原市）を拠点にして、南関東を北上し、十四世紀以来、関東を管《かん》領《れい》する上杉方の中枢拠点であった鎌倉を攻めた。ところが、「戦争が来る」という飛報を聞くと、鎌倉の住民は「みなもって宮（鶴岡八幡宮）中に逃げ籠もった」という。そのとき、住民（避難民）たちはみな、食糧（米穀）などの入った「俵物《たわらもの》」を、この神社に持ち込んでいた。

鎌倉を制圧して、この様子をみた早雲の軍は、ここは敵地（扇《おうぎ》ガ谷《やつ》上杉方）ではあるが、八幡宮の頼みを容《い》れて、避難住民の命だけは助けよう。ただし、その代わり、住民（「敵方の下地《したじ》の物」）が社内に持ち込んだ「俵物」には課税する（「公物《くもつ》を懸けらるべし」）。そう要求した。保護税（軍事費）の徴発といったふうである。しかし神社の関係者（院家《いんげ》・社人）の「俵物」は、特別に免税としよう、といったという（八幡宮の寺僧の書いた日記『快《かい》元僧都記《げんそうずき》』[2]）。

ところが、のち天文四年（一五三五）に、こんどは、先に北条軍に追われて、北武蔵（埼玉県川越市）に逃げ出していた扇ガ谷上杉軍が、鎌倉に反攻してきた。その戦火の急報を聞いた鎌倉の住民たちは、またも鶴岡八幡宮に、家財や食糧などを、早々と預けていたらしい。これが、後編でくわしく見る「預物《あずけもの》」（貴重品の保護預かり）である。八幡宮はそれを快く受け入れていた。折しも、扇ガ谷軍と北条軍の戦火で、湘南の一帯は火の海となっていた。

このときも、また「俵物、預け置き候分に、公料《くりよう》（公物—課税）を懸けらるべし」という問題が起きていた。逃げ込んだ人びとの命は助けてやるが、「預物」には課税する、というのであった。

つまり、戦国初期の鎌倉では、鶴岡八幡宮の境内が、地域住民たちの戦時の避難所（アジール）の役割を果たし、住民は神社の境内に持ち込んだ食糧（俵物）などへの課税と引き替えに、軍隊による身柄や所持品の略奪を免れ、神社に庇護されていた。

戦国の世になっても、鶴岡八幡宮は、対外的にも、これだけの威権と実力を維持していた。鎌倉の八幡宮が戦国時代にも、町場に権勢を保てたのは、戦争の危機に備えて「つねに身構えた社会」のなかで、戦時の避難所として、多くの地域住民から信頼され、期待されてもいたからではないか。

中世の初め、源氏（鎌倉幕府）の氏神《うじがみ》として祀られ、繁栄を極めた八幡宮は、鎌倉幕府が滅びても、鎌倉公方《くぼう》となった足利氏（源氏の一流）の庇護を受けていた。その公方が北関東へ逃げ出してしまった後も、地元の鎌倉びとの戦時の避難所として、大きな責任と役割を担い、住民に支えられて、まだ大きな存在感を示していた。

おそくとも十六世紀の初頭には、すでに、こうした「戦時避難・預物の習俗」が成立していた、とみることができる。[3] これを鎌倉だけの特異な事件とは見ず、あえて戦国社会一般の「習俗」と見る根拠は、次の例であらためて示そう。

織田信長と尾張の熱田神宮の預物

神社に俵物を預けるといえば、少し後の天文十八年(一五四九)十一月、織田信長が尾張(愛知県)の熱田神宮(熱田八ヶ村中)に、「俵物」を神社の中に運ぶのを認める、と保障していた。

また神社の中に避難している、他国や当国の敵味方や、奉公人・足弱《あしよわ》(老人・女性・子ども)や、彼らの「預ヶ物」も、先例の通り、安全を保障する、といっていた。

弘治三年(一五五七)十一月にも、同じように、敵味方の「預ヶ物」・俵物なども保障すると、重ねて証書を与えていた。[4]

敵方の預物や俵物に没収を命じた例は、後段で数多く見ることができる。だが、「敵味方」つまり神宮内に避難したすべての人に、生命と財産を保障する、とした例は乏しい。

鶴岡八幡宮では、保護料を軍側に納めていたが、熱田神宮にはその形跡もない。信長の神宮に対する特別の計らいが印象的である。

播磨の法隆寺領荘園でも

鶴岡八幡宮とよく似た状況は、やはり十六世紀の初頭、聖徳太子ゆかりの大寺で知られる、大和（奈良）の法隆寺の所領の荘園でも観察されていた。

永正十八年（一五二一）の仲春、同寺領であった播磨《はりま》国鵤《いかるが》荘（兵庫県揖保郡太子町鵤）では、守護・赤松家の内輪もめから「当庄の近辺、合戦の巷《ちまた》たるべき由、必定《ひつじょう》」という、戦火の危機に直面していた。荘園の一帯が、きっと戦場になる、というのであった。その時、この荘園の内外の人びとは、

当庄名主《みょうしゅ》・寺庵《じあん》・百姓、そのほか隣郷・隣庄より、縁々《よりより》に、堀の内に小屋を懸け、構えを仕《つかまつ》り、これあり、

という行動をとった(5)。

「堀の内」というのは、法隆寺から派遣されていた、荘園の代官のいる政所《まんどころ》のある区画であった。政所は荘園の事務所であるとともに、村々の集会所でもあり、その周りに防禦のために「堀」（水堀）を巡らしていた。

その近くにある、大和法隆寺の下寺《したでら》であった斑鳩寺《はんきゅうじ》（いかるがでら）も、地元では大寺《おおでら》と呼ばれ、「政所内ならびに大寺の築垣《ついがき》の内に隠れ居る」といわれたように、築垣（大きな土塁）に囲まれた、城造りの構えを持っていた。この光景は、いまも現地で、往時を偲ぶことができる。

戦争の危機が迫ると、荘園の住民たちばかりか、近隣の村々からも、縁（人脈・つて）を頼って、大勢がその政所の「堀の内」や大寺の「築垣」の中に避難し、戦争に備えて「構え」をした。彼らもまた、あの鎌倉の鶴岡八幡宮や熱田神宮と同じように、やはり食物などの入った「俵物」を運び込み、そこに「小屋」（籠屋《こもりや》）掛けして、身構えていた。

政所の「堀の内」や大寺の「築垣」の内は、この戦時には、緊急の避難城塞として、近隣の村々から、城郭並みの役割が期待されていたことになる。しかし、大和法隆寺の権威だけでは済まなかった。代官僧は攻めてくる守護赤松方の軍陣に急行し、とりあえず一三貫七〇〇文もの身銭《みぜに》を立て替えて、「制札《せいさつ》」（大名が地域の安全を保障する証書、赤松方についた証明書）を手に入れていた。

その支払いに使った経費（身銭で立て替えた制札銭）の、避難民からの取り立て方が面白い。先に見た鶴岡八幡宮の例とそっくりだからである。代官僧はふだんの行政にも頼りにしている、この庄の村々の長老たちと相談した。

すると長老たちは、避難民が「堀の内」に持ち込んだ「俵物」ごとに、経費を割り当てて調達したらどうか、と提案していた。受益者に負担させよう、というのであった。

そこで代官僧は、自分の手下たちや村々の長老たちの手も借りて、「堀の内」に避難している人びとの「小屋」（避難小屋）に立ち入り、家族ごとに、それぞれの「俵物」の員数（穀物など数量）を帳簿につけさせ、「石別《こくべつ》八十文ツツ《（宛）》」（一石〈＝約一八〇リットル〉につき八〇文宛）、という割合いで、経費を割り振（打賦《うちくば》）って調達した。それを避難民も承知したらしい。

俵物の中身は米穀であったことになる。一俵にどれだけの米穀が入るかを、村々の長老たちはよく知っていて、俵の数からこの数量（石別）を割り出していたにちがいない。つまり、政所の代官僧は、この俵物の石別リストによって、先に身銭で大名に支払った安全保障費を、受益者負担という名目で、回収したのであった。政所は危機管理の責任をみごとに果たしたことになる。

次の戦乱のときも

さらに、大永二年（一五二二）にも鵤荘は緊迫した。こんどは、赤松（播磨）と山名（因《いな》幡《ば》＝鳥取）という、山を隔てた隣国どうしの守護大名軍の激しい衝突によって、一国ぐるみで大がかりな戦争が始まった。すると、この荘園の人びとは、他国や「山内《さんない》」（山間の「村の城」か）に避難した。

だが、地元の鵤荘内に残った人びともいた。彼らは、こんども「政所」や、さらに築垣に囲まれた「大寺」（斑鳩寺）の境内にまで、「小屋」を掛けて避難した。しかし、この戦乱によって、この年の荘園年貢（代官の取り分）の徴収は、絶望（「納所不成《なっしょならず》」）といわれた。しかも自国の守護の赤松軍からは、安全の保障（軍兵による略奪・放火などの免除）と引き替えに、「兵粮米《ひょうろうまい》」（軍資金）をかけられた。この荘園の平和のために、代官僧はこんどもまた、要求された兵粮米に相当する銭を、一括して立て替えた。荘園政所の危機管理ぶりは、この時もまた、素早かった。地域の領主にふさわしい、危機管理の能力が試され、発揮される瞬間であった。

その必要経費の回収法も、前回と同じであった。やはり「小屋（避難小屋）に申し懸け、俵（石《こく》）別に徴収する」という方式が採られていた。

ところが、このときは、赤松と対戦する山名軍からも、安全保障費（「お礼物以下」）を要求された。これも政所が一括して前払いした。だが、例のない二重の支払いであった。だから、その補塡は「隠物《かくしもの》の俵物以下」つまり、荘民たちが政所や大寺に避難させておいた、「俵物（隠物）」にかけるだけでは足りなかった。そこで別の方法が工夫された。

代官僧はあらかじめ荘内の村々の長老たちの合意を取り付けて、新たに「地下《じげ》（村々）六ヶ村の棟別《むなべち》」つまり荘内の六カ村の家（棟）ごとに、経費の一部を均等に割り振る、という、中世伝統の棟別銭方式が採られた。

厳しい戦闘の中で、激突する双方の軍から強引に求められた二重の課役（二重成《ふたえな》し）を乗り切るために、荘園の代官（政所）は、その先頭に立たされ、村々の長老たちの智恵にも助けられて、必死であった。

避難民のために焼失した大寺

さらに、戦国まっただ中の、天文十年（一五四一）に、また「国中の錯乱《さくらん》」が起きた。「隣里・近郷の土民」らは、数多く「大寺」（斑鳩寺）の寺内に避難して「小屋」掛けした。それればかりか、村々から除け者《の》にされていた「無頼者《ぶらいもの》」（アウトローたち）・「牢人衆」（決まった主人をもたないサムライたち）までも逃げ込んできた。彼らは寺法（「禁制」）を無視して、牛や馬まで寺内へ追い込んだ。預物には家畜までも含まれていた。それは避難民の掛替えのない資産であった。しかし、その混乱の果てに、「牢人衆の小屋」から出火して、大寺は全焼してしまった。

それを見た荘民たちの有志は、すばやく「大寺」の再建に立ち上がった。まずは本寺の大和法隆寺にまで出かけて、資金集めの「大寺修造の勧進帳《かんじんちょう》」（大寺再興の募金趣意書）を書いてもらった。それをもとに、荘民の自力で、地域の共同の避難所の復興が開始された。大寺はこの荘園の聖徳太子信仰を集め、地域から深く信頼されてもいたのであろう。

ここにみた、一荘園の危機管理の物語は、『鵤庄引付《いかるがのしょうひきつけ》』という一冊の古記録に綴られて、今もこの大寺・斑鳩寺に伝えられ、日本中世史の研究者たちに読み継がれている。

危機管理の習俗

にわか造りの避難小屋は、もともと出火しやすい構造であった。九州の有馬城にいた、イエズス会の宣教師ルイス・フロイスは、こう観察していた。

彼らが籠城する際には、木の枝や藁、きわめて貧弱な木材で、彼らの家を作るのであり、それらの家は互いに寄り集まっているため、いずれの家も火災を起こしやすい。(6)

また、ジョアン・ロドリゲスも、ほぼ同じように、こう語っていた。

民衆は山中の森林や山頂、また叢林に住んだ。それらの家屋は、いずれも茅や乾草でできていた。(7)

木の枝や藁、貧弱な木材、茅や乾草で作られた小屋。こうした山の避難小屋の光景は、これから訪ねる、各地の城の避難所にも、当てはまるだろう。

法隆寺領であった播磨鵤荘の「堀の内」と、前の相模鎌倉の鶴岡八幡宮の境内はともに、戦争の中の危機管理の光景が、じつによく似ていた。

二つの寺社は、町や村に戦争がくると、地域住民たちの安全保障（危機管理）の役割を、素早く確実に果たしていた。しかも、そのためにかかった経費の調達、つまり、保護経費分は避難民たちの俵物を対象に、受益者負担で割り振るというシステムも、所は相模（神奈川県）・播磨（兵庫県）と、東西に遠く離れていても、ほぼ共通していた。

あるいは、戦国の世の初めには、広く世間に、こうした「危機管理の習俗」が大きく広がっていたのではないか。これを、「危機管理の習俗の発見」などといったら、大げさすぎるだろうか。

2 城をもつ神社

越後の神社も城をもっていた

ある晩秋の一日、私の出た高校のある町（新潟県加茂市）の山手を、この地の歴史に通じた関正平氏・浅見恵氏の案内で歩いた。この町の中央を、近年までは暴れ川だった加茂川が流れる左岸に、並行して山の手の高台が連なっている。その中枢部には、地元で山王《さんのう》さんとも明神《みょうじん》さんとも、親しみを込めて呼ばれる青海《おうみ》神社（延喜式内社「青海神社二座」？）

の広大な神域がある。その神社の南に位置する裏山の頂点には、要害山《ようがいざん》城・剣ヶ《けんが》峰《みね》城・尾《お》振山《ぶるやま》城（城山）という、三つの城跡が連なっているという。「神社も城をもっていたのか」と、私は直感した。

さいわい、いま加茂市史の編纂中で、中世城郭の縄張《なわばり》（城のプラン）の研究で知られる鳴海忠夫氏の手で、すでに三つの城の踏査も行われ、城の展開図（縄張図）も公表されていた[8]。これが良い手がかりになった。

この明神さんは、『加茂市史』[9]によると、中世には石河荘《いしかわのしょう》と呼ばれた、荘園の領主（本社は京都の上賀茂社）であり、荘民（加茂市民）たちは、この神社に年貢を納め、課役も務めていた、という。同じ『加茂市史』[10]に、文禄四年（一五九五）に豊臣秀吉方の奉行人増田長盛の手下が行った「賀茂村検地帳」[11]の翻刻が載っていた。多くの耕地の一筆ごとに、年貢を納める人の名が記されていて、人名の肩書きには「明神分」「本庄分」など、耕地の本主権の持ち主（地権者、「分附主《ぶんづけぬし》」）の名前が八名だけ付記されている。

すでに関氏は、この八名の持ち分の明細をすべて調べ上げていた[12]。その「分附主」の内訳はこうである。

もっとも多くの「分附」を持っていたのは、本庄氏（「本庄分」）で、約二一町歩（一五一筆、七〇人）、次が「明神分」で約九町歩（六四筆、三七人）で、本庄分の半分にも満たない。ほかに「宮分」「神分」「山王分」「大宮分」「寺分」「社領」の六つを「明神分」と

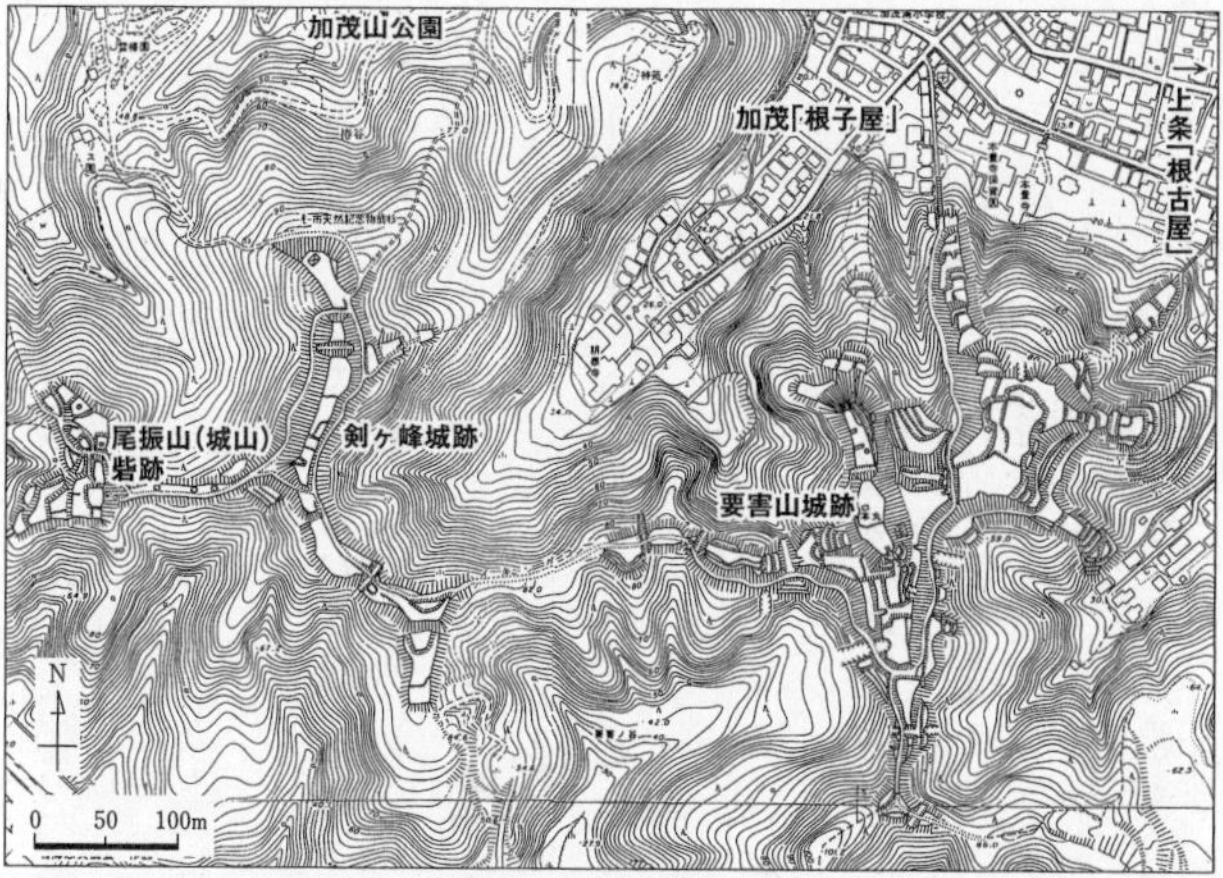

加茂山の城砦群　右から要害山《ようがいさん》城、剣ヶ峰《けんがみね》城、尾振山《おぶるやま》（城山）砦が一直線に並ぶ。要害山の麓に「根子屋《ねごや》」「根古屋」の地名がある。青海《おうみ》神社は「加茂山公園」の北側に位置する。
原図：鳴海忠夫氏作成

合わせても、全部で一三町歩弱（八八筆、五八人）である。

つまり、加茂村の約六二パーセントほどの田畠が、新たに領主となった本庄氏（上杉氏の家来）に抱え込まれてしまった形跡が、ありありとみえてきた。これが上杉謙信の没後に、相続争いの死闘を戦い抜いて、越後の覇権を握った、上杉景勝の権勢による、本庄氏の「加茂在番」の内実であった。

上杉景勝家中の禄高と地位（ステイタス）を、上位から順に記した、家臣団の名簿「文禄三年（一五九四）定納員数目録《じょうのういんずうもくろく》」[13]によれば、問題の「本庄分」の

当主は、名簿の冒頭「越後侍中《さむらいちゅう》定納一紙」の第二位に、

百三十八人　同（都合）二千二百九十八石二斗七升八合五夕　慶長二年御叱　本庄豊後守分

という、高い地位を占めていた、本庄顕長《ほんじょうあきなが》のことである。

また、この「定納員数目録」の末尾近く（身分の低い家来たち）には、「加茂在番　本庄豊後抱《ぶんごかかえ》」として、「百石　太田源五左衛門」（肩書きに「元関東管領様衆」、つまり元は越後に亡命した関東管領・上杉憲政の家来）を筆頭に、それぞれ五二石三斗を知行《ちぎょう》する、高野・高橋・根岸・水橋・寺島という、小身の家来五人の名が記されている。

彼らが本庄氏に抱えられて、加茂の現地を差配するために「在番」した代官たちであった。先の鳴海図（六一頁）は、その要害山麓の根古屋《ねごや》集落に城主や家来たちの居館があった、と推測している。

ただし、本庄豊後守顕長が自ら「加茂在番」していた可能性は薄い。この本庄豊後守の家系は、越後でも辣腕の武将として知られ、上杉方の出羽侵攻に先駆けを務めた本庄繁長の長男であった。本庄家は、鎌倉時代から、越後小泉《こいずみ》荘（村上市）の地頭という名門であった。つまり、本庄氏というのは、加茂にとっては、よそものであり、元から地付きの在地領主であったわけではない。ここが重要である。

検地帳（土地の公簿）に「明神」というのは青海神社のことで、「賀茂村」の中に多くの耕地をもっていたことが分かる。この本庄氏が加茂在番になる前（おそらく天正十四年前後頃＝一五八五〜八七年頃以前）、加茂の一帯を石河荘の領主として支配していたのは、「明神さま」であったに違いない。もともとこの神社（土着の領主）は、じつは、その裏山の要害山城を含む、三つの城郭群すべての城主でもあったのではないか。

この明神さまは、いつの頃か、自領の民衆の生命と財産をも、そっくり収容し保護することができる、大きく堅固な避難所を造り上げて、地域の深い信仰を受けていたにちがいない。

神社の裏山は地域の避難所か

いま、この要害山城の土地の持ち主（地権者）は、明神さんの秋祭りに花火を揚げる花火業者だが、ここを手に入れたのは昭和四十三年（一九六八）のことで、その前は、明治二十九年（一八九六）から、加茂の資産家M家の所有であったという（現行の「土地登記簿」）。だが、その前の持ち主のことは、追跡できなかった。他の二つの城はいまも神社の所有だから、要害山城主も神社自身だったのではないか。そう思いながら神社の裏山の城跡を歩いた。

鳴海図によれば、明神さまの裏山の小城郭は、要害山城・剣ヶ峰城・尾振山城をあわせて、要害山城群と呼ばれている。神社は城郭群を背負った形で、城山の北の麓の高台にある。その高台に位置する神社の左（西）側には、金剛谷《こんごうだに》（モミジ谷）というV字谷が深く入り込んで、主峰の麓に達し、神社の右（東）側には、椿《つばき》谷という、これもV字谷が深く入り込んで、やはり主峰の麓に達しており、その外側には、もとは神宮寺だったという、大昌寺《だいしょうじ》の広く深い谷が入り込んで尾振山城の麓に達している。

つまり、青海神社は両側に深い谷間を持ち、その二つの谷は見晴台《みはらしだい》の奥で交差する形で、深いV字谷を刻んでいる。だから、神社の広大な境内地も、三方をV字谷によって、さらに両側の二つの谷間集落によって、二重に防禦された要害の地に立地していたことになる。

戦国の世には、麓の町場が突然の戦乱や、暴れ川であった加茂川の洪水に襲われたとき、高台に幾重もの要害を備えた神社一帯の地域が、地元の住民たちの避難所になったのではないか。だから、明神さんや古い寺社や旧家などは、みな、川に沿って連なる高台（峰続き）に寄り添うように、連なって立地している。神社の向かって右側面に加茂根子屋の細長い谷が入り込み、神社の前面には、穀町《こくちょう》・本町・仲町・上町など、古い名をもつ町場が連なっている。

なお、本庄氏は、「慶長二年（一五九七）御叱《おしかり》」と「定納員数目録」（前掲）に注記されていて、この年に失脚してしまったらしい。要害山城はとつぜん主人を失った。城郭群のうち、この要害山城だけが民地になっている裏には、このような変動が隠されていたのではないか。本庄氏が失脚しても、要害山城は神社に返されなかったらしい。

四　戦国の城の維持・管理

1　二つの基本システム

いったい、戦国の城はどうやって、誰の手で造られ、維持されたのか。戦国の村は、城にどう関わっていたのか。

ここでは、関東戦国期の北条領国の拠点城郭を中心に、村々の側から城に迫ってみよう。

戦国の城造りと維持・管理

戦国の城跡を歩くと、深い山々を強引に削って、「曲輪《くるわ》」と呼ばれる広大な平場《ひらば》を、いくつも造り出しているのが目に入る。その連なりを結ぶ小道は、雨の後には流水路になって傷んでいる。麓近くにある城は「館《たて》」と呼ばれ、山城とあわせて、城館とも呼ばれている。どちらもむき出しの泥の城、泥の館である。こうした戦国の城館はどのように造られ、頻繁に襲う台風や大風雨への備えはどうなっていたのか。

いくつかの拠点城郭には、築城・維持のシステムについて、かなり詳しい情報が遺されている。年ごとの「大普請《おおぶしん》」と、五年ごとの「末代請切普請《まつだいうけきりふしん》」のセットがそれである。この二つの普請システムは、入《い》れ籠《こ》のように組み合わされて成り立っていた。

永正十五年（一五一八）には、北条氏の定めた「定め大普請」の規定が見えている。ただ、それより二十一年も前の、明応六年（一四九七）に、すでに伊豆（静岡県）の大見衆《おおみしゅう》宛て「当要害《ようがい》、年中三箇度《さんかど》」[1]、つまり一年に三回という、村ごとの要害＝城の普請の割当てが知られる。

そこで、これを「大普請」システムの初見として、「大普請」は十五世紀の末、つまり北条支配の成立当初から、基本的な課役のシステムであった可能性がある、という[2]。

なお、戦国北条氏研究の堅固な土台を築いた佐脇栄智氏は、延べ一四カ村の「大普請」人足と、村々の貫高《かんだか》（村の年貢高）との関係を細かく分析し、こう推測した。村に当てた城普請の賦課基準は、「村ごとの役高」であり、それは、およそ二〇貫文につき一人であった、と[3]。

この推測は、今もなお有力である[4]。それは領域ごとの賦課で、村にかかる年貢（村高《むらだか》）と並ぶ基本夫役《ぶやく》であり、年ごとに課された、というのが通説である（「村高」と村の「役高」がどうちがい、どう決められたのか、まだ私は知らない）。

ところが、この「大普請」のほかに、十六世紀半ば頃の激しい戦火の時代になると、五年に一度の城の大改修と、日常的な維持・管理とを村々に求めた「末代請切普請」というメンテナンス・システムが、新しく成立していた。「請け切り」というのは、村ごとに、城の決まった部位を細かく日常的に割り当て、その改修を村の委せ切りにする、というのであった。その上、数多くの村々の持ち場ごとの、緊密な協業が期待されていた。村々がそれだけのシステム維持の能力をもつ、と見られていた。

黒田基樹氏によれば、この「末代請切普請」という、城を維持するメンテナンス・システムは新たに加わった夫役ではなく、大普請の一環として、それに入れ込まれる形で成り立っていた、という。(5)

末代請切普請のシステム——相模玉縄城の場合

次に、この「末代請切普請」の現場を訪ねてみよう。

築城・維持の夫役システムの実情が、とてもよくわかるのは、相模《さがみ》の玉縄《たまなわ》城(神奈川県鎌倉市城廻《しろめぐり》)の例である。

永禄期(十六世紀半ば)の、よく似た二つの例である(永禄六年令〈一五六三〉・同八年令、北条家朱印状、田名村代官・百姓中宛)。(6) ここでは、主に二例目の永禄八年令を下敷きにしよう。

この朱印状の冒頭に掲げられた、事書《ことがき》（主題）には、こう明記されていた。

①東郡・三浦郡・久良岐《くらき》郡へ仰せ付けられ候、

②但《ただ》し、末代の定《さだめ》なり、五年に一度ずつ、致すべき事、

①この玉縄城の領域であった、相模国の東郡（のちの高座《こうざ》郡・鎌倉郡）・三浦郡・久良岐郡の三郡に、以下のことが指示されていた。三郡の村々ごとに、一斉に出された指令であった。

②この新しい築城夫役は、村ごとに五年に一度という間隔で、「末代」（後世）までかけられる「定」である、と。

しかも、二年前の永禄六年令では、

この人足《にんそく》、その年に、当大普請の内をもって、召し仕わるべし、

とあった。ここが大切なポイントである。当大普請、つまり今年の大普請を、それに充てるというのであった。もともと、村から出す人足の数は、年ごとに必ず務めることになっ

ていた城の「大普請」の人数から相殺（差し引き）される、というシステムであった。

十六世紀半ばに始まった「末代請切普請」の創設は、いわば「大普請」の一部に食い込む形で出発していた。だから、このシステムは、新たな課役の加重を村々に求めるものではなかった。これが黒田基樹説の焦点である。戦国大名といえども、村々に無制限な課役などは、かけられなかった。村びとの合意を求めるために苦心があった。

田名村の場合、課役（積算）の基準は、「五間《けん》、八拾貫文役《かんもん》」で「この請取、中城」であった。つまり、村の役高八〇貫文について、五間（約九メートル）分の持ち場（中城＝二の曲輪《くるわ》カ）が指定された。この田名村の例から計算すると、「末代請切普請」の持ち場の算出基準は、村の役高一六貫文につき一間、という割り当てだったことになる。

田名村は、玉縄城の「中城」を大きく囲む、土塁の上に建てる塀の、特定の五間分（区間）だけ、五年ごとに、大がかりな修復を任されたことになる。

おそらく城領の三郡の村々すべてが、村の役高に応じて、一六貫文ごとに一間の割合で、持ち場を決められていたにちがいない。田名村がわずか五間分だけ、部分的に修復しても、中城の塀は完成しないからである。村ごとに小さく持ち場を区切ったということは、領域全体の村々に、緊密な共同作業を同時に行うことが求められ、村々の緊密で細やかな協業によってのみ、城は維持・管理されえたのであった。

後でみる岩付城《いわつき》（さいたま市岩槻区）の例では、芝という村は「一間三尺一寸二分　塀」

という、じつに細かい割り当てであった。しかもこれには、自主的な取り組みが期待されていた。「請取」とか「請切」とはいっても、ふだんから村々の共同・協業という生活習俗がなければ、とても一斉作業など行えるはずがない。一斉作業でなければ、連続した長い土塁や塀を、ここまで細かく割り振って造ることも、修理することも、できるはずがない。

領域の城と村々は、こうした綿密な協業を通じて、さらに結び付きを深め、その連帯のお陰で、泥の城はようやく維持されたのである。そうした事情と光景が、くっきりと浮かび上がる。

なぜ新しい普請システムが必要になったか

では、なぜ、永禄六年頃に、新しい城普請が強化されだしたのか。私には、いくつか思い当たることがある。

一つは、あの上杉謙信の関東侵攻である。彼が越後《えちご》（新潟県）から、「越山《えつざん》」と号して（かつて新潟三区出身の政治家・田中角栄も、この「越山」の語を好んで雅号とした）、国境の深く高い豪雪の山々を越えて、初めて関東に乗り出し、すでに関東一の強豪となっていた北条氏の本拠・小田原城の二の曲輪の端まで襲いかかったのは、わずか二年前の永禄四年（一五六一）のことであった。以来、ほぼ毎年のように（生涯に合わせて一二回ほども）、雪深い農閑期の村にいても食えない、数多くの庶民たちを雑兵《ぞうひょう》として率いて、雪の少ない関東に襲来するようになっていた(7)。

二つには、やはり同じ頃、小田原とは、わずかに山々を隔てただけの甲斐《かい》（山梨県）の武田信玄の関東侵攻も、北と南から厳しく繰り返され、北条軍を脅かしていた。

三つめは、北条氏自身も、関東制覇（北上）を目指し、房総《ぼうそう》（千葉・東京）の里見氏を強敵として、激しい戦いを挑んでいた。

新しい城郭政策の裏には、明らかに北条・上杉・武田・里見という四強激突の危機が潜んでいた。

泥の城・裸城の宿命

山間を拓いて造られた、戦国の山城の構造そのものも、じつは初めから深刻な問題を抱えていた。少なくとも五年に一度は、どうしても、城の本体を造り直さなければならなかった。それは、もともと人工的に築かれていた。険しい山や崖や谷間を無理に削って、周りに堀切《ほりきり》（地面を掘って造った堀）や切岸《きりぎし》（人工の断崖）や竪堀《たてぼり》（自然地形の斜面に縦に掘った堀）を造り、その上を平らにならして曲輪をいくつも切り出し、さらにその外側を深く掘って長大な堀を造り、その土を内側に盛り上げて、延々と土塁を連ねるのである。

だから、小まめな修築を重ねることは、いわば、風雨にむき出しになった「泥の城」に欠かせない宿命であった。

下野《しもつけ》佐野（栃木県佐野市）の城主・北条氏忠が、

宿構《しゆくかまえ》の芝土居《しばどい》、余りに見苦しく候条、ひと普請申し付くべく候、

（高瀬紀伊守宛）(8)

と命じたような事態は、ほとんど日常であった。城構《しろがまえ》の周りの土塁（土を盛った土手）に芝を張っても、大雨が降れば、たちまち崩れてしまった。

大普請と請切普請のシステムの併用という発想から、意外な土の城のもろさと、維持・管理の大変さが、くっきりと見えてくる。領域の村々の、緊密な協業・協力なしに、城は維持できなかった。

それだけに、普請内容の指示は、持ち場ごと、必要な用材ごとに、大きさ、規格、数量、代銭など、じつに詳細をきわめた。その懇《ねんご》ろな指示ぶりから、城造りのために、村ごとに、どのような用材が必要だったか、「末代請切普請」という、その調達・築造システムの中身（秘密）が見えてくる。

城普請の現場へ

玉縄城の指令を、前段と後段に分けて、観察してみよう。

まずは、前段である。ここでは、多くの用材の指定と、それぞれの明細や、後日、村に控除される、費用弁償の額までが、ていねいに書かれている。ことに、前段の最後に書かれた付記（「合わせて……」）が見逃せない。

初めに、前段の要点だけを、①〜⑦に分けて、読み下してみよう。

①一、男柱《おばしら》　五本　一間に一本立、廻り一尺三寸　長さ九尺　栗の木　この代一二五文、一本二五文充《あて》
②一、小尺木《こさくぎ》　一五本　一間三本立、長さ六尺　この代四五文　一本三文充
③一、間渡竹《まわたしだけ》　一〇本　一間二本充、この代六〇文　一本六文充
④一、大和竹《やまと》　二〇束　一間二本充、この代一〇〇文　一束五文充
⑤一、縄　三〇房　一間六房充、この代一五文　一文二房充
⑥一、萱《かや》　二〇把　一間四把、この代二〇文
⑦一、すたわら三〇把　一間六把充、この代一〇文　一文三把充
合わせて三七五文　この内、田名十月分懸銭《かけせん》の内をもって、前引きを致し、あい残る員数（懸銭）は、御蔵《おくら》（納め）致すべきもの也、以上、

この内訳の解析については、盛本昌広氏の「玉縄城の塀の築造」がすぐれている。(9)その分析と、ていねいな解説・図示に導かれながら、以上の①〜⑦の用材項目ごとに、要点をまとめ直そう。

①「男柱」が筆頭に掲げられている。塀の骨格を支える、大切な用材である。ここでは、長さが九尺（約二・七メートル）で、周囲が一尺三寸（約四〇センチ）で、がっしりして耐久性もある栗の木が指定されている。

かつて国鉄（現ＪＲ）の線路の枕木は、ほとんど栗材であったという。また古く縄文時代の遺構にも栗材の跡が出土しているほど、頑丈であった。

いわば永久の建築資材ともいうべき栗の大木を、一間に一本ずつ、計五本を、塀の構造材として用意する。その経費（費用弁償）は、一本につき二五文とし、総額は一二五文とする。七つの用材のなかで、この単価がもっとも高い。それほどに貴重な用材であった。

果たして、①〜⑦に明記された費用弁償額が、戦国の世の物価からみて妥当なものであったかどうかは明らかではない。だが、すくなくとも築城用材はタダ（無料）で徴発されたわけではなかった。そのことが重要である。

なお、盛本氏は、これらの用材目録などに注目して、いったい戦国のあいつぐ築城のた

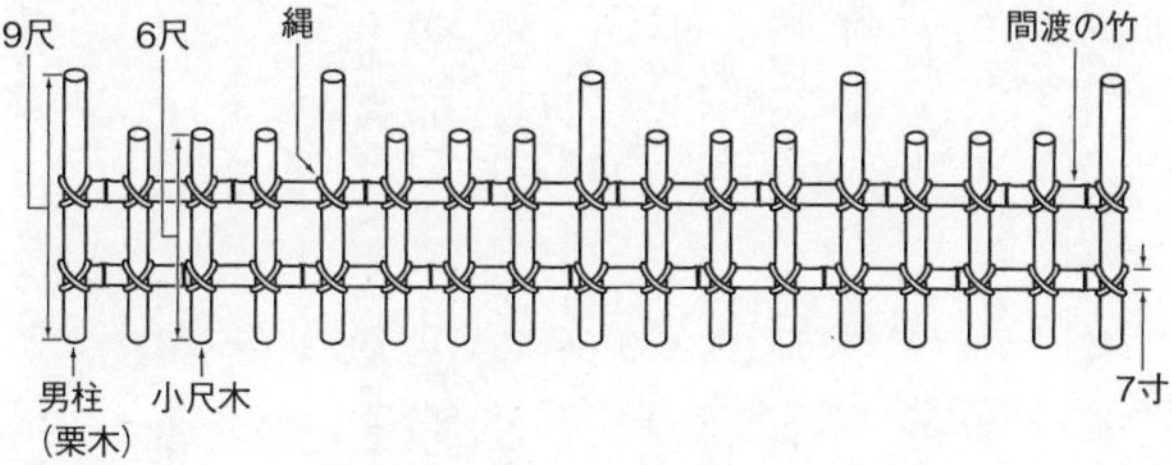

玉縄城《たまなわじよう》の塀　盛本昌広『軍需物資から見た戦国合戦』（洋泉社新書y）より。

めに、どれだけ多くの樹木や竹が消費され、山林が荒れていったかと、中世の戦争と自然環境の不幸なかかわりに、鋭く深い目を向けている。原始以来このかた、城や都が造られるたびに、自然が破壊されてきたのであった。

塀の柵木

②次は小尺木である。これは①の男柱一本につき、それぞれ三本ずつ打ち込まれる柵木《さくぎ》である。長さは六尺（約一・八メートル）で、費用は一本を三文とし、総額では四五文に換算される。単価は①の栗材よりもずっと低い。

なお、武蔵の八王子城（東京都八王子市）では、城主の北条氏照《うじてる》（小田原本城の北条氏政の実弟）が「尺木、ふとさ一尺、長さ一丈」と指示していた（年未詳朱印状写）[10]。一丈といえば、十尺（約三メートル）であるから、玉縄城の高さ六尺の柵より、だいぶ高い、大きな柵であった。氏照の八王子城の威容がしのばれる。

また、天正十四年（一五八六）三月、鉢形《はちがた》城主だった北条氏邦《うじくに》(氏政の弟)の定書《さだめが》き(11)にも、次のような指示がみえる。

一、掃除、毎月一度宛定《ずつ》、……尺木塀などの縄結《なわゆい》以下、……六十日ニ一度宛、直しを致すべきこと、

北武蔵にあった北条氏の鉢形城(埼玉県大里郡寄居《よりい》町)内の「掃除」は、月に一度と決められていた。「掃除」というのは、城内の日常生活から排出された、大量の汚物などの処理のためであったろう。

さらに、塀を支える尺(柵)木の縄結びも、よほど傷みやすく、緩みやすいものであったのか、二カ月(六十日)に一度ずつ結び直せ、という。

城で日常の生活を快適に過ごすために、また城のメンテナンスのために、村々にかかる、城内の汚物の処理から、細かい作事・土木にわたる、異様なまでの人手間(掃除)と、城塀(縄結)の意外なもろさにも、しっかり目を向けておく必要がある。

つまり、多くの兵の籠もる城の日常の維持というのは、これほど煩わしく、領民の協力に支えられなければ、とても成り立たなかった。

間渡竹・大和竹・縄・萱・簀俵

③次は間渡竹である。これは一〇本で、男柱二本の間、つまり一間ごとに二本の竹を、それぞれの男柱と小尺木の間に横にわたして、これも村々が用意した縄で、固く結び付けて、塀を安定させる。この費用は一本が六文に見積もられ、合わせて六〇文に換算される。単価は①の栗材の男柱より、はるかに安いが、総額は次の④の大和竹に次ぐ。

④さらに大和竹である。これは全部で二〇束が、塀の一間に二束ずつ、①男柱・②小尺木・③間渡竹の間に細かく、指し込まれていく。細い竹であったから、束が単位で、本数の指示はない。これで土壁の塀の骨格の間をしっかり固めていく。経費は一束が五文で、合わせて一〇〇文に換算される。この総額は①男柱の一二五文に次ぐ。塀を支える大切な用材であったらしい。

⑤縄三〇束(房)が、塀一間に六束ずつ、二束を一文として、一五文に換算される。大量の縄は、①〜④の構造材をしっかり結び合わせるために用意されたのであろう。②に引いた鉢形城の掃除の掟では、尺木塀の縄の結び直しは、二カ月に一度という頻度で求められていた。この縄結びの用材も、城塀の維持・管理に大切な位置を占めていた。

⑥さらに萱二〇把が、一間に四把ずつ埋め込まれる。これは計二〇文に換算される。城塀の土をしっかり塗り込め、安定させるために、①〜④の間にびっしりと埋め込まれたのであろう。

⑦最後に簀俵《すだわら》が指定されている。一間に六把ずつ、三把で一文、総額は一〇文に換算さ

れる。盛本氏はこの簀俵を土塀の雨覆《あまおお》いとみている。だが、この俵は、塀の土に塗り込める萱の次に記載されている。そのことからみると、簀俵というのは、中に土を詰めた土俵とみる余地もありそうである。この簀俵の用法については、今後の考古学の発掘成果に期待しよう。

用材費の決済システム

さて、これら①〜⑦の末尾に、用材費の弁償額を決済する方式について、重要な記事が付記されている。それによれば、城主側が見積もった築城用材の必要経費は、総額で三七五文になる。ごくわずかな実費だけ、という印象である。それは、普請のある年ごとの十月に、村が領主に上納すべき懸銭《かけせん》（畠方の年貢、総額約三貫一二〇文カ）[12]から、ほぼ一二パーセントほどを「前引き」（天引き）して、残りの懸銭（二貫七四五文）だけは領主の蔵へ納付せよ、というのであったらしい[13]。

この決済システムからみると、「末代請切普請」の人夫賃（人件費）は、弁償の対象になっていない。それは、先に「大普請の内」とあったように、年ごとに決まって務めるべき「大普請」の人数と相殺される、という仕組みであったからにちがいない。

用材費だけは有償（実費弁償）とみなされ、城主側がその積算の基礎をあらかじめ個々に詳しく提示して、普請を務める領域の村々に了解を求めていた。経費の総額は、その年の十月の畠年貢（懸銭）から、村ごとに天引きさせる、というシステムが採られていた。

一方、「大普請」に必要な用材費は、とくに定められていた形跡がない。

これら資材費の個々の単価の評定や、総額で三七五文（総懸銭額の約一二パーセントの控除）が、果たして村人にとって適切で合理的な数値であったかどうか、いま私には判断できない。だが、通年にわたる城普請であったにもかかわらず、用材などの必要経費についてだけは有償を原則とし、資材①～⑦ごとの単価、つまり値付け（費用弁償）の基礎を、村々に対して明示していた、という事実は、やはり十分に留意しておきたい。

ただ、この経費支弁の評価はむずかしい。

池上裕子氏はこの資材費の控除システムを評して「代銭が支払われても、事実上の公事負担を強制する命令であった」と説いて、大普請との相殺システムについては言及していない(14)。村びとは黙々と際限ない強制労働に、奴隷のように駆り出されていた、というのであろうか。

一方、この池上説とは対照的に、稲葉継陽氏は、村が戦争にどうかかわったかという視点から、村々の果たす築城夫役などを「平和の負担」として位置づけている(15)。

村びとたちは、黙々と権力にこき使われるだけの存在であったのか（池上説）。それとも、領域と村の平和を守るためなら、自立して応分の働きを受け入れていたのか（稲葉説）。評価は大きく分かれている。私の説は後者である。

城の塀のメンテナンス

さて、永禄八年令後段の⑧〜⑩に移ろう。ここにも、領域の城と村々との間に、日常に緊密な関係が必要であったことを示唆する、興味深い規定が具体的に付記されている。

⑧塀のあつさ八寸、中へ石まじりの赤土を、如何にも堅く、つきかため申すべし、奉行人の作事にこれあるべき事、

⑨大風の後は、奉行人の催促に及ばず、その郷の者来たりて、塀の覆い縄結び直し致すべし、この塀、末代請け切りに致すの上は、少しも雨に当らざる様に、節々、覆いの縄結び直し、致すべき事、肝要たるべきこと、

⑩塀の人手間のこと、一間に四人充、廿人、一日に七人充、まかり出、三日中、出来致す様、しかるべきこと、

この三つの指示のうち、⑧は城の土塀の工法を定めている。土塀の厚さは八寸とする。塀の土は「石まじりの赤土」つまり砂礫を混入した関東ローム層の土を、おそらく赤土を両側から八寸の幅で立てた板ではさんで、堅く搗《つ》き固めるという版築《はんちく》の工法で造ったのであろう。この統一した基準幅で、それぞれの村が、同じ幅で狂いなく連なる土塀を造る

ことができた。その協業による工事は奉行人の監督の下に行う、という。城塀全体の規格を統一するための措置であったろう。

次の⑨の定めは、それぞれの村の塀の持ち場（田名村の場合は五間）の、風水害に備えた危機管理の定めである。塀は村ごとの「末代請切」（城の村持ちの個所を後々まで責任をもつ）とする。だから、ことに大風雨の後などは、奉行人への断りもいらず、自由に城中に入って、所定の持ち場の「塀の覆いの縄の結び直し」を、自主的に行うべし、というのであった。つまり、通年のメンテナンスが、領域の村々に求められていた。

いまも赤土と呼ばれる関東ローム層の土塀も覆いも、山の上の城の周りに築かれ、風雨の当たりが強かった。だから、耐久性もなかった。塀の覆いを固定する縄の結び直しも、絶えず村々による緊密な協力を必要とした。

北条氏邦の鉢形城では、二カ月ごとに、柵木塀の縄結びの点検（七八頁）を、村々に求めていた。ここでも城の維持には、村の自発的な協力に大きな期待がかけられていた。

最後の⑩は、日常的な城塀の維持・管理のための、「人手間」（人員配置）の定めである。この田名村では「末代請切」の持ち場は五間であった。だから、一回当たりでは、一間に四人ずつとして、二〇人が必要になるが、一日当たり七人で、三日ずつ作業に当たる、という割り振りであった。一人分の超過になるが、それについての断りはない。

武蔵岩付城の請取普請

同じく北条方の拠点城郭の一つであった、北条氏房《うじふさ》（氏政の三男）の武蔵・岩付城の維持・管理の仕組みも、よく知られている。

天正十四年（一五八六）春には、関白豊臣秀吉が日本中に戦争の停止、国境紛争の裁判による解決を呼びかけた「惣無事令《そうぶじ》」（私戦停止令）が、九州にも、関東、奥羽にも、つまり、まだ秀吉に服属していない、すべての地域に、一斉に出されていた。

それを九州の大友氏は受け入れ、島津氏は拒絶した。関東では北条方の首脳も秀吉の挑戦・襲来と受け止め、当主氏政の直弟だった北条氏照らの主戦派（当主氏政や氏規《うじのり》らは講和派であったらしい）を中心に、秀吉迎撃を目指して、城郭の守りを固めようと、緊張が高まっていた。

岩付領（岩付城の支配圏）では、翌十五年（一五八七）の農閑期を迎えた十月に、領域の村々に、同城の維持・管理について、次の①～③のような指令が出されていた[16]。秀吉襲来に向けた緊急措置であったのか、先にみた相模の玉縄城のように、もっと以前からあったのか。この判断は難しい。

①何時も、破損については、請け取り候所、修覆《しゆうふく》致すべし、二間二尺八寸　塀、

（太田窪〈さいたま市〉宛）

②何時も、請け取り候所、破損については、修覆致すべし、六間　塀、

（井草〈比企郡川島町〉宛）

③何時も、破損については、請け取り候所、修覆致すべし、一間三尺一寸二分　塀、

（芝〈川口市〉宛）

どれもが、岩付城の塀について、日常的な修復を村々に求める指令である。主文はほぼ共通するから、①～③の令書は、岩付城内で作成され、おそらく領域一帯の多くの村々に、一斉に発令されていた。

三件とも、村高は未詳であるが、②の井草をのぞけば、①太田窪の「二間二尺八寸」とか、③芝の「一間三尺一寸二分」とか、城の塀の修復の割り当ては、じつに細々と、端数まできちんと記されている。やはり村の役高を基準として、端数まで細かく割り振られていた、とみられよう。積算の基礎は厳密であったらしい。

また、どれも十月の発令だというのも面白い。まるで、村々が秋の稲刈りを終えて、農閑期に入るのを待ちかねて出された、というように見えるからである。しかも村ごとに割

り当てられた塀は、どれもが「請け取り候所」と明記され、「何時も」「破損については」と自発的な協力を促しているのも、先にみた玉縄城で「末代請け切り」といい、さらに⑨「大風の後は、奉行人の催促に及ばず、その郷の者来たりて、塀の覆い縄結び直し致すべし」といっていたのとそっくりである。

どうやら、すでにこの頃には、広く北条領国の拠点城郭に共通する城塀の緊急修築、日常的な城のメンテナンスのシステムが作動していたらしい形跡である。

江戸城の厳しい維持・管理

武蔵江戸城（東京都千代田区）では、岩付城より十年余り早く、その維持や管理について、似通った詳しい指示が知られている。武蔵阿佐ヶ谷《あさがや》小代官・百姓中に宛てた、天正四年（一五七六）三月晦日《みそか》付けの、北条家朱印状がそれである。(17)

まず冒頭に、次のようにある。

江戸中城の塀の事
四間　阿佐ヶ谷　みぎ中城の塀四間、当郷の請取りに、自今以後《じこんいご》、定め置くなり、これによって、掟の条々、阿佐ヶ谷郷（東京都杉並区）は、江戸城の中城（二の曲輪ヵ）の塀四間分を、これ以後、将来にわたって「当郷の請取り」つまり村ごとに指定の普請場とする、というのであった。新しい城普請の態勢が、この年の春に決まっていたことになる。

後にみる関宿城《せきやど》（千葉県野田市）では、同じ年の六月に「関宿破損の普請」が行われているから、江戸城も風水害の被害を受けていたのであろうか。この年、下野《しもつけ》（栃木県）には「この年は長雨降り申し、半作」（「今宮祭祀録」）という、北関東の長雨情報がある。関西には大風・洪水などの情報も多い[18]。

江戸城でも、先の玉縄城でみた田名村と同様、「中城」の塀が普請場であった。村の請取普請場がどれも「中城」だというのは、この曲輪が城でもっとも重要な位置を占めていたからであろうか。

なお「四間」（七・三メートル弱）の割り当てというのも、やはり村の役高を基準にした割り振りであったろう。

以下①〜④は、以後一カ月にわたる、この村の請切普請の心得である。原文を読み下してみよう。

①大風吹き散る時は……三人（奉行人）触れ次第、三日中、修復致すべきのこと、

②請取の塀、破損をば、何時も、彼の三人申し付けのごとく、これを致すべし、さてま

た、一年のうち何ヶ度致し候とも、奉行の証文を取り、お尋ねのみぎり、明鏡に申し上ぐべき事、
③もし奉行人、横合い・非分を申し付くる儀これあらば、小田原へ来たり、目安を捧ぐべき事、以上、
④右、来る四月晦日を切って、塀、厳密にこれを致すべき者なり、

これら①〜④の要旨はこうである。
①大風の吹いた時は、三人の奉行の指示があり次第、三日以内に修復をすること。
②「請取の塀」、つまり指定された持ち場の塀が破損したら、三奉行の指示通り修復せよ。一年に何回も修復に出るときは、そのつど奉行人から修復に出頭した証文を取って、小田原本城からの審問に備えておくように。
③もし三奉行人から不条理な命令があったときは、小田原に直訴（目安《めやす》）せよ。
④一カ月後には、塀の修復を、すべて終えるように。
というのであった。

玉縄城・鉢形城・岩付城などと比べて、この江戸城の普請場では、奉行人の存在が大きく、緊急の修復のためであっても、村びとが自由に請取現場へ出入りすることは、厳しく抑制されていた。

その一方で、三奉行人の不正に対する大名の警戒ぶりも露わである。「一年のうち何ヶ度致し候とも、奉行の証文を取り」というのは、普請システムがまだ不安定な様子で、「奉行の証文」というのも、奉行人による村びとへの恣意を抑えようというのか、普請証文によって、報酬を出そうというのか、分かりにくい。前後の文脈からみると、奉行人の恣意が警戒されていた、とみるのが妥当であろうか。

2 国役の運用と労働条件

夜明けから日没まで

この江戸城の指令の出た翌天正五年頃、「江戸夏普請、中付条々」(北条家朱印状写[19])が出されていた。それには、「人足、天明《てんめい》(日が昇る頃に)は集まり、入会《いりあい》(夕暮れ)の鐘を榜示《ぼうじ》(合図)に罷《まか》り帰るべし」とあった。普請場への村びとの出入り(作業時間)は、夜明けから夕暮れまで、という定めである。また、こうも定めていた。

朝五ッ太鼓打つ迄、来らざる人足をば、不参帳に付けるべし、かの不参帳、普請終日、公儀を経るべし。

と。先の「天明」というのは、この「朝五ッ」で、今の午前八時頃である。それまでに普請場へ出てこない村びとは、欠席簿（「不参帳」）に載せるという。普請の終わる日に、その欠席簿は、公儀（小田原城）に提出して、検閲を受けよ、ともある。

厳しく村びとの出席をチェックしなければならないほど、村びとには不評な普請であったということか。時あたかも四月で、まだ農繁期のまっただ中であったためでもあろうか。

ところが「江戸夏普請　中付条々」の末尾には、以下（①〜⑥）の一文がある。

①みぎ大切の人足、②大方に無稼《むかせ》ぎを致し、③軍役一理に、④普請申し付け候わば、⑤奉行中一同、⑥重科たるべく候、

これは、私には分かりにくい一文である。①では、大切な人夫だから、といっているのが印象的である。だが、②「無稼ぎ」が難解である。怠けるというのか、無理な労働というのか。もし③軍役と同じように、④大切な人足を駆使するようなことがあれば、⑤奉行人たちすべてを、⑥重く処罰する、ということか。人足は大切で、その夫役は軍役とはちがうのだ、人足を大切にせよ、というのであろうか。普請現場での奉行人の恣意に対する警戒ぶりが、ダメ押しされているような一文である。

人夫賃の出る城普請もあった

玉縄城では城塀を請切普請する場合、資材費は有償であったが、人件費については、確かな手がかりは得られなかった。岩付城でも江戸城でも不明であった。先には、年ごとの「大普請」との相殺とみる、という黒田説によっておいた。

ただ、小田原北条氏の行った、以下の①〜⑤の例では、城普請の雇い賃などに、米や銭などが「兵粮《ひょうろう》」として、城主から給付されていた[20]。

①在城の間は、兵粮下さるべく候、
（城に勤めている間の食糧は保障する）

②罷《まか》り出る時は、兵粮下さるべく候、
（城に出勤している間、食糧は与える）

③城普請……人足四人、御雇《おやとい》候、……両日の雇賃一六〇文、米をもって……請取るべく候、
（城の普請に、四人の人足を雇い上げる。二日間の雇い賃は、一六〇文とする。その金額分は米を支給する）

④人足五人、御倩《おやとい》として罷り出、倩賃《やといちん》一〇〇文……請取るべし、

（人足として五人を雇い上げる。その雇い賃として、一〇〇文を受け取るように）

⑤人足五人、鍬・簣《もっこ》を持ち、来る廿三日、小田原へ集まるべし、食物をば、公方《くぼう》より下さるべし、

（人足は五人とする。ふだん使っている自分の鍬やもっこを持って、今度の二十三日に、小田原城へ集まれ。食べ物は公方〈小田原城主〉から支給する）

このうち、①と②には「在城」とか「罷り出る」などとあるから、村人が城に人夫として出勤する際、「兵粮」を給付する、という定めらしい。

一方、③〜⑤は、明らかに人足としての雇用に伴う雇い賃の給付規定であり、工具など自弁でやってくる、城普請の人足本人に対して、賃金や食物の給付が伴っていた。ただ⑤の場合は、「食物」とあるだけで、給付が単に弁当代であったか、それ以上であったかは不明である。

③の場合は、人足四人が城普請に二日間雇われて、雇賃一六〇文とあるから、一人につき一日当たり二〇文であったことになる。④の人足の雇い賃は、鍬・簣などの用具持参で、五人が一日で一〇〇文とあるから、やはり一日当たりの人夫の雇い賃は二〇文、というのが相場であったらしい。

城普請の雇用にも、一日＝二〇文の賃金が、大名から支払われる仕組みがあった。それ

は疑う余地がない。ただし、これらの「城普請」が国役としての、「大普請」の一環であったかどうかは不明である。

だから、断定は無理なので、ここでは、先に見た田名村の普請規定などを勘案すると、決まった村役であった「大普請」には人件費が伴わず、それ以外の臨時の城普請には、一人一日＝二〇文の賃金（ないし食物）の支給があった、とみておくことにしよう。

これら有償の夫役については、所定の大普請役など、決まった村の普請役分の日数を使い切った城主が、追加夫役として、臨時に村びとを雇い入れたときにだけ、賃金や食糧が支払われた、とも見られている(21)。

この指摘は大切である。それほど、所定の夫役の枠は、厳密に決まった枠内で運用されていて、城主といえども、無制限に村びとを酷使することなどはできなかった、という有力な証拠になるからである。

大普請の厳しい運用

村の人足の徴発には、厳しい枠があった。その様子を、もう少し詳しく見てみよう。村役としての「大普請」といっても、その運用には、城主側にも厳しい運用が求められていた形跡である。関宿城の「大普請」の例がそれである（天正四年〈一五七六〉六月二十三日「北条氏印判状」井草百姓中宛(22)）。

関宿破損の普請の用、丙子（天正四年）大普請、人足三人、十日の内、去春に四日、伊勢前へ召し仕わる。残りて六日これある分、七月朔日、関宿へ罷り着き、翌日二日より七日まで、（六日間）普請いたすべし、

これは、関宿城が破損した（先の気象情報から見て、利根川の洪水によるか）という、拠点城郭の緊急事態への対応であった。だが、そのための武蔵の井草村からの人夫徴発は、「大普請　人足三人、十日」（四日＋六日＝十日）という、所定のシステムの大枠内で、厳密に執行されていた。

しかも七月朔日《ついたち》から一週間の普請といえば、秋の収穫（「作の最中」）を目前に控えた、わずかな農閑期（「作の隙」[23]）である。[24]人足を動員する側にも、その辺りへの気遣いは求められていた。

つまり、すでにその春に、この村は、四日分の大普請を勤め終えていた。その残りの六日分がある。その六日間だけを、来月初めに勤めて欲しい、というのであった。大普請――三人・十日という枠組みからの逸脱は、大名といえども、また城が壊れたという緊急事態のときといえども、許されなかった。そんな様子がみえてくる。

この大普請の管理ぶりの背後に、村々ごとの大普請の勤務状況を詳しく記録した台帳が、

大名側で作成・保管され、それによって大普請が厳密に運用されていたらしい。先にみた江戸城の修築人夫も、「不参帳」（欠席簿）によって管理され、公方（大名）によって点検される仕組みであった。

村々は、なぜ「大普請」や「請切普請」を淡々と引き受けていたか。そのナゾを探るのが、次の章の主な課題である。

五　戦国の城は村の避難所

1　相模小田原城の場合

城をみる目

　すでに冒頭の章でみたように、古代の中国では、「城郭」の「城」は城主の居所、「郭」は庶民の居住地とされ、城と郭はもともと一体化したものであった。ドイツのブルク＝城という語には、保護とか避難所という意味があることもすでに述べた。

　東アジアと西ヨーロッパの、ごく一部の城郭の事例からみる限り、領域の城というのは、本来的に城主の館と領民の避難所をあわせ持つことで成立（を可能と）していた、という事情が、明らかである。

　日本の戦国期の城郭についても、同じような可能性を想定し、検討してみる余地がありそうである。戦国の城は、果たして領域の村々の住民を避難させることを、自明のこととしていたのかどうか。それがこの章の焦点である。

上杉軍の襲来

永禄三年（一五六〇）秋に、越後の戦国大名であった長尾景虎《ながおかげとら》（上杉謙信）の軍が初めて「越山」して関東の一帯を襲い、翌年、さらに南下して北条氏の本拠・小田原城を襲った。そのとき、襲われた領域の人びとは、どのように避難の行動をとったか。まずは、以下の①〜③によって探ってみよう。どれも後世の軍記類の情報である。

①籠城の用意せよとて、近郷の士・民等まで、ことごとく城（小田原）に入り、あるいは山入りして、在々所々残らず引き払い、（「小田原記」[1]）

②地下人《じげにん》・町人まで、近郷はことごとく城に入り、遠所はみな曾我山・田嶋・河村、思い思いに（山に）入り、（「北条記」[2]）

③先ず大手は、宮の前幸田口（三郭）より押寄る、その外の口々をも、諸兵取巻き……敵（上杉方）は、既に蓮池（二郭）辺まで押入りたる、（「上杉家御年譜」[3]一）

戦争が来る、という飛報が流れると、小田原城に近い村々では、すべての「地下人・町人まで」が、小田原城に避難し、遠くの村々は、地元の山々に籠もった、という。北条氏の小田原城そのものが、地域住民たちの緊急の避難所になっていた、という情報である。

城の近辺の民衆は、いったい小田原城のどこに避難できたのであろうか。なお、この城の、よく知られた巨大な「惣構《そうがまえ》」ができるのは、豊臣秀吉に襲われる危機を感じ始めた、惣無事令《そうぶじ》下の天正十四年(一五八六)以降のこと、とみられている。その前はどうだったか。

まず、城跡の発掘を進めている佐々木健策氏に教わって、検討を加えてみよう。

①②からは、城に近い集落の人びとは、小田原城に避難したが、遠方の人びとは、それぞれ「山入り」した、という所伝が共通している。

山入りは「小屋入り」ともいわれ、のちの秀吉襲来期になると、ことに多くの事例が知られている。集落ごとの最寄りの山間に、「村の城」があったのではないか、と私は推測している[4]。

さて、城の近くの町場の人びとは、小田原城のどこに避難できたのであろうか。先の佐々木氏によれば、戦国期の三曲輪《さんのくるわ》(三郭)の一画とみられる地点から、十六世紀初頭の遺物が出土していることからみて、上杉襲来の段階には、すでに小田原城三曲輪が成立していた可能性もある、という。

③にみえる、「宮の前幸田口」も、やはり三曲輪の一部であった。武田信玄も、相模川

沿いに南下して、同じ幸田口を攻めた。後段の「蓮池」というのは、現地名から明らかに二曲輪に当たるから、上杉軍は三曲輪を突破しようとしていたらしい。

その他、城の近くで予想される避難所は、のちに惣構に囲い込まれることになる、城外の三本の大きな丘陵部に、その可能性があるかもしれない、という。

百姓曲輪を歩く

地元に生まれ育って、小田原城をよく知っているという大木充由氏（「小田原の城と緑を考える会」の中心メンバー）に、私は同じことを伺ってみた。

すると大木氏は、三千分の一という大縮尺の絵地図（中村静夫図ほか）を広げて、のちにできた惣構の四つの口の一つ、荻窪口《おぎくぼくち》（いまの関東学院側からの入り口。ほかの三つは、山王口・早川口・久野口）から、東南に少し入ったところに「百姓曲輪」と書いてある、と示された。

その「百姓曲輪」は、ほぼ正方形に近く、その大きさは、縮尺から計算すると、いまもある慈眼寺の正面に当たり、鍛冶《かじ》曲輪の北西側に位置している。「戦国の百姓曲輪」という話は、とても魅力的だが、本当だろうか。

佐々木氏も「百姓曲輪」の存在に興味を示した。この百姓曲輪は、城の東北部に連なる丘陵部（小田原城を形成する三つの尾根の、北側の一つの先端部）の、「谷津《やつ》」と呼ばれる谷

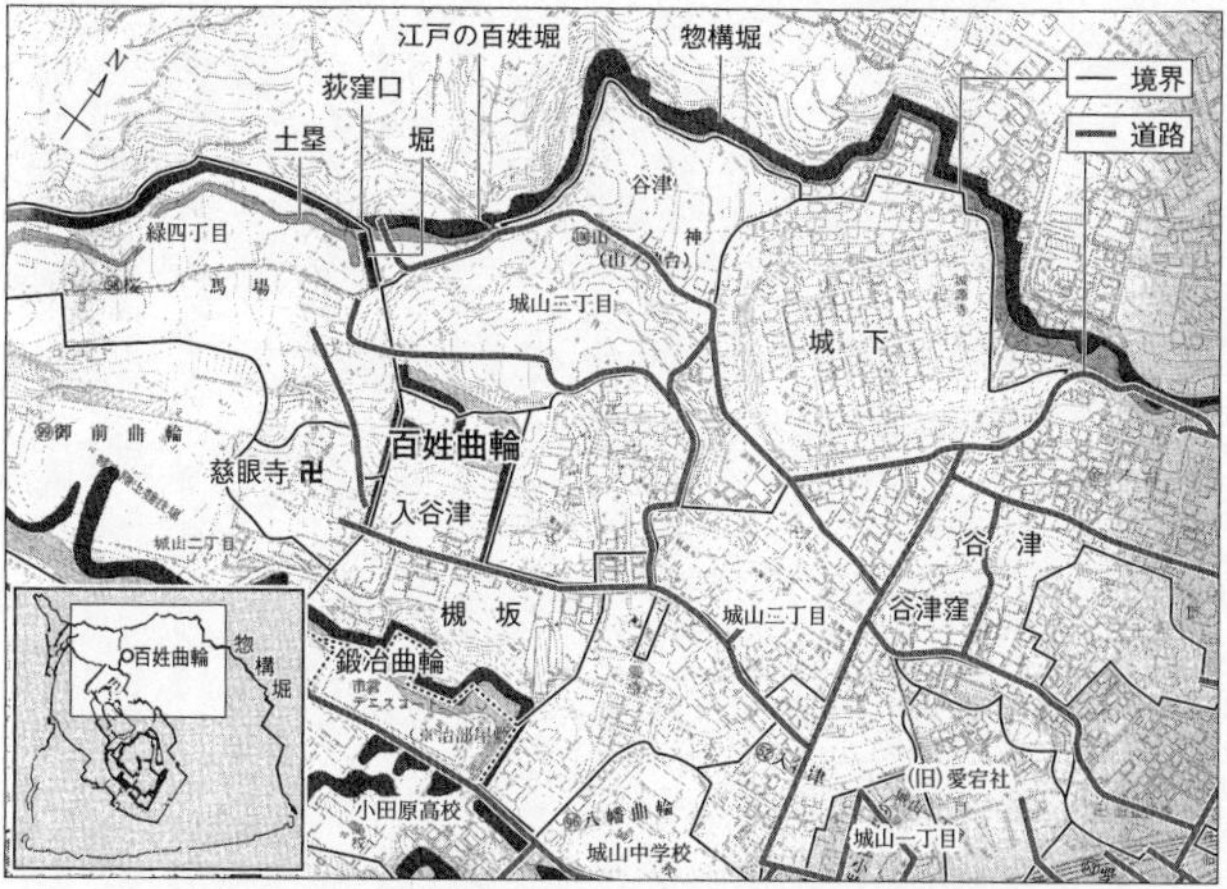

小田原城の百姓曲輪　原図：小田原市教育委員会「現代図に複合させた城下町・宿場町おだわらの町名・地名図」

間の奥に位置する、ナゾの曲輪で、城の縄張り（配置・構造）とも、まったく異質な曲輪である。だから、いかにも村の避難所にふさわしい、という。

もし、この佐々木説の通りなら、この百姓曲輪は、本来、小田原築城のグランド・デザインには入っていなかった。つまり、城周りの谷間に、百姓たちが自前で造った避難所の一つだったことになる。

過日、大木・佐々木・中田正光の三氏と私の四人で、百姓曲輪の描いてある地図を片手に、百姓曲輪探しを試みた。百姓の曲輪など、これまで見向きもされなかったから、探すのに不安があった。だが地図と、地元出身の大木氏のご案内で、すぐ見付かった。小田原駅からわずか十分、約七〇〇メートルほど歩いた深い山際の一画に、曲輪の面影が明らかにあった。道路から二メートルほどの高みに、W家の広大な屋敷が広がっていた。屋敷の手前は、もと谷川であったという坂道の道路が通り、屋敷の前面の横幅はほぼ一五〇メートルと大きいものであった。屋敷に向かって左手（北側）には、元は堀であったことをうかがわせる道路が、深い山際に向かって延びていた。

道路の内側には、高さおよそ三メートルの土塁がはっきりと遺っていて、その上にはケヤキの巨木が、あたかも屋敷の境木のように連なっていた。百年以上は経っているだろう、という。曲輪の奥行は、測ってみると約一二〇メートル余りあった。大木氏によれば、屋敷の主W家は、いまは二軒に分かれているが、当主は、近世にはその一帯の山守《やまもり》（山代官）であり、百姓の身分ながら帯刀・乗馬を許されて、大きな権限を与えられていたという。

山懐の谷間に曲輪を造り、閉じ籠もるといえば、先に中国の村の城でみた「塢《う》」とそっくりではないか。

百姓曲輪の新たな探索は、楽しみな宿題である。

2　城の避難所はどこか

武蔵鉢形城の外曲輪を探る

次は、北条氏政の二番目の弟であった北条氏邦の、武蔵の鉢形城《はちがた》（埼玉県大里郡寄居町《よりい》）の例である。国指定の史跡として整備され、城内には立派な鉢形城歴史館もあって、よく知られている。戦国のこの城は、しばしば武田信玄の軍に襲われていた。その武田軍との攻防戦のさ中、領域の村々には、どのような避難の措置が講じられていたか。その様子が知りたい。

永禄十一年（一五六八）十月、信玄襲来の飛報が入ると、氏邦はただちに、領域の村々に、次のように指令していた（永禄十一年十月二十三日、北条氏邦朱印状(5)）。

①敵（武田信玄）働く（攻撃に襲来する）由《よし》に候《そうろう》あいだ、他所《よそ》へ兵粮《ひょうろう》、印判《いんばん》（鉢形城主のパスポート）なくして、一駄（馬一頭分の荷物）も越すについては、見逢《みあい》（見付け次第）に足軽（雑兵たち）に下さるべく候、その身（違反した者）のことは、磔《はりつけ》にかけらるべし、

②小屋（避難所）の儀は、金尾《かなお》・風夫《ふうぶ》・鉢形・西之入《にしのいり》、相定め候、

③十五已前《いぜん》（以上）・六十已後《いご》（以下）の男、ことごとく書き立て、申し上げべく候、

武田信玄の軍が鉢形城を襲う、という飛報が入った。受けて立つ鉢形城主は、すばやく迎撃の態勢をとった。その作戦が①〜③である。

①では、領内の兵粮の移動を禁止し、違反すれば磔という厳しい規制を出していた。あの中国の「清野《せいや》」作戦によく似ている。敵に兵粮の現地調達をさせない、という作戦であった。

②では、領域の村々に四カ所の避難先を指示して、敵襲で大切な領民が散り散りになることを防ぎ、③では、村ごとの動員可能な人員（十五〜六十歳の男子）の名簿の提出を求めた。緊急事態には、村々にも領域の平和維持に参加することが求められていた。

いま特に注目したいのは、②の避難所＝「小屋」の指示である。ここにあげられた四つの地区の名は、鉢形城跡から東秩父村（埼玉県秩父郡）までの山間の一帯に、いまも連なって点在する地名ばかりである。

山（山小屋）籠もりのモグラ作戦であった。

その「小屋」の一つに指定されている「鉢形」は、鉢形城のことに相違ない。おそくとも永禄末期（十六世紀後半）には、この鉢形城は、武田軍の襲来に備えた領民の避難所の

一つとして、城主自身によって、指定されていたことになる。それでは、鉢形城のどこが村びとの避難所になったのか。それを探るには、次の一通の手紙が示唆的である。

翌年（永禄十二年）九月十日付けで、城主北条氏邦の名で出された書状である（越後上杉軍の山吉《やまよし》氏宛）(6)。「武田信玄、西上州（信州寄りの、群馬県の利根川右岸の一帯）へ出張（出兵）」という飛報が入って、まもなく戦火が鉢形城下に及んだ直後のことであった。

今日十日、当地鉢形へ（武田軍が）相働き（攻撃）候のところ、外曲輪《そとぐるわ》において、仕合《しあい》（合戦）におよび、（武田軍の）手負い（戦傷者）・死人（戦死者）、際限なく候、

鉢形の北条氏が越後の上杉方（山吉氏）と緊密に連絡をとっている事実から見て、越相（上杉・北条）同盟がまだ活きていた時期らしい。その事実が、この手紙の年次を決める手がかりになる。この手紙のなかで氏邦は、この日、武田信玄軍が襲来したが、鉢形城の「外曲輪」で防ぎ戦って、敵方の負傷者・戦死者は際限ないほどで、大きな勝利をあげた、といっていた。戦果には誇張もあろうが、外曲輪のラインで武田方と激戦し、防ぎ切った、という事実だけは、嘘ではあるまい。

外曲輪の戦場はどこか

この戦いで氏邦方の防禦ラインとなった「外曲輪」とは、いったいどこであろうか。そのナゾ解きが、村びとの避難所の場所を探る焦点である。

鉢形城の史跡指定の範囲（曲輪の並び）をみると、北西から流れ込む荒川の本流が真っ直ぐ崖にぶつかって東北方向に左折していく、その川に沿う形で、険しく高い断崖の上に、下流側から上流の方向へ、主郭（本曲輪）・二郭（二の曲輪）・三郭（三の曲輪）などが、縦に一列に並んでいる。

一方、荒川の流れと反対の側にも、深沢川という、その名の通り、深く急峻で、のぞき込むと、目もくらむような渓谷がある。二つの川は城の曲輪群を両側から挟むように深く刻みこんでいる。鉢形城は天然の要害の地に造られていた。

その深沢川のさらに外側（曲輪の列から深沢川を越えた側の平場）にも、深沢川に沿って、ほぼ平坦な長く広がる一帯があり、そこに今は「外曲輪」という標識が立てられている。その「外曲輪」とされる一帯の外郭には、長大な土塁跡と、その外側に沿って、もとは堀跡であったことをしのばせる、水田跡や長い窪地が連なって、かなりよく残っている。

さらに堀跡のすぐ外側（東側）の一帯には、堀際に接する形で、殿原小路《とのばらこうじ》・連雀《れんじやく》小路・鉄砲《てつぽう》小路・鍛冶小路などがあり、殿原は家来たちの、連雀は商人たちの、鉄砲・鍛冶など

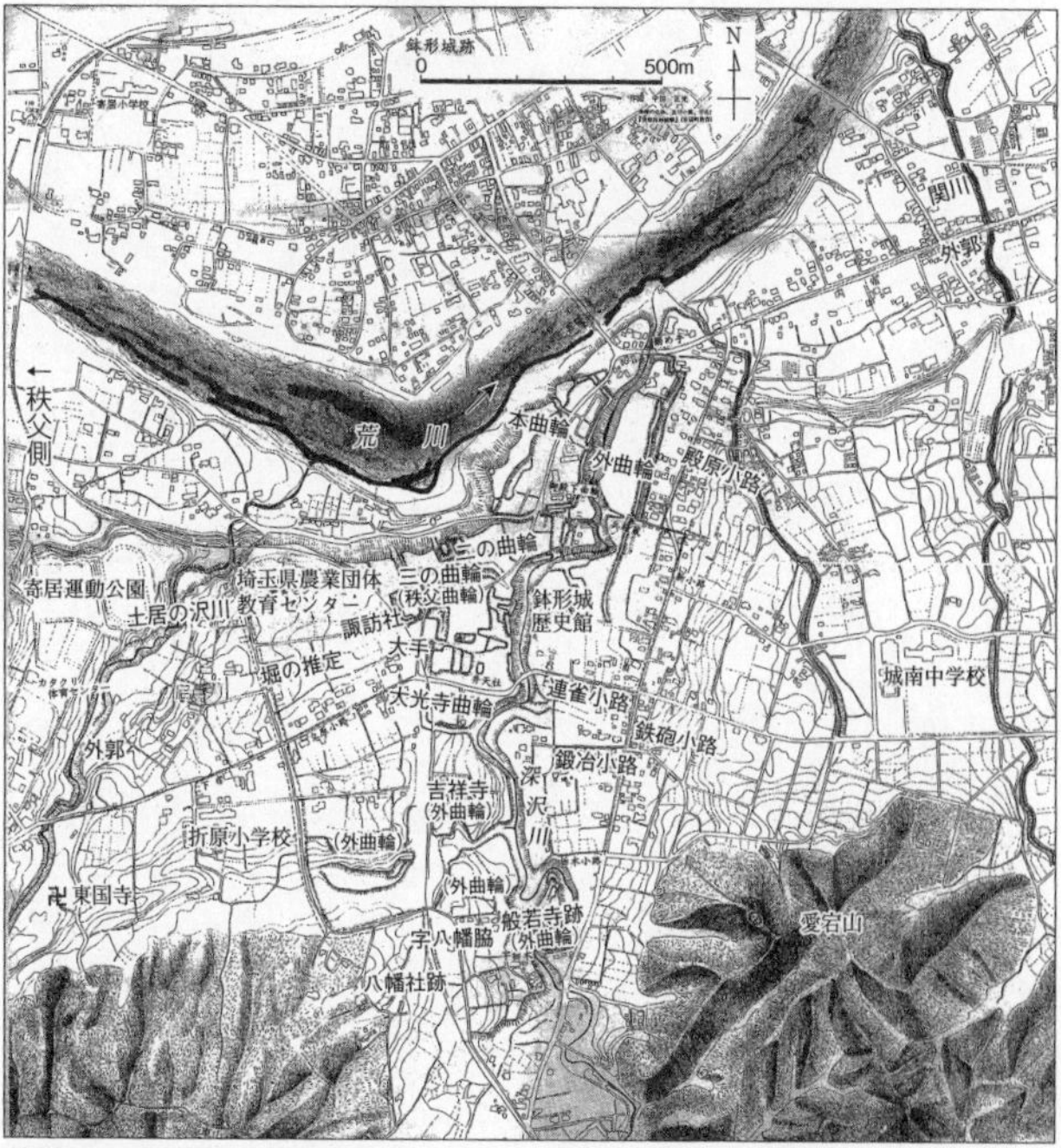

鉢形《はちがた》城図　荒川沿いに主郭（本曲輪）があり、新しい外曲輪の想定地は、三の曲輪の左（西）側である。原図：中田正光氏作成

は軍需工場の名残にちがいない。ここがおそらく戦国の鉢形城下町の生活の中枢であったらしく、いまも町場状の集落が密集している。いまある「外曲輪」の標識が正しければ、氏邦が信玄軍を撃退した「外曲輪」は、これら町場の密集する集落群に沿った、この一帯を指すことになる。

だが、外曲輪では激しい戦闘（仕合）が行われた、と当事者がはっきりいっている。その言葉通り（氏邦のいう戦果に誇張がない）とすれば、この外曲輪の激戦で、外曲輪に接して密集していた、多数の「小路」群（戦国の城下町）は、戦禍によって焼け野原となり、壊滅していたはずである。

いまの「外曲輪」標識の一帯を、この激戦の防禦ラインに比定するのは、どうも無理があるのではないか。

新たな外曲輪の探索へ

この素朴な疑問を、もと「外曲輪」標識の地にある鉢形城歴史館学芸員の石塚三夫氏、東京の八王子市の滝山城に詳しく、鉢形城の外曲輪にも独自の見解をもつ中田正光氏に発してみた。

そして埼玉県の考古学界をリードする浅野晴樹氏、岩付城跡の発掘調査に大きな成果をあげてきた青木文彦氏にも同行をお願いし、城外に「もう一つの外曲輪」探しを試みた。

私のナゾ解きのカギは、武田信玄の軍は、この鉢形城を、どの方角から攻めたか、ということであった。武田軍の侵攻ルートは、ほぼ西方の秩父側であったにちがいないと、諸氏の想定は一致していた。現在の外曲輪とは、ちょうど反対（三の曲輪の虎口《こぐち》）側に当たる。秩父側の攻め口と想定される一帯を、すでに描かれていた中田氏作成の図と、青木氏の用意された航空写真を手に、石塚氏の案内で歩いてみる。その辺りは、大きく平坦な台地が広がり、その縁《へり》に当たる自然の谷と長い崖に沿って、二辺には、長大な切岸（人工の断崖）状の切断面（高さほぼ一〇メートル以上）が鉤《かぎ》の手状（直角）に続いている。その断崖の下の一辺は、いまは深い外堀の底を転用したらしい道路となり、他の一辺の高く鋭い切岸の下には、広大な低湿地帯や水田地帯が、曲輪の外堀状に延々と続いている。

さらに、切岸の上に広がる台地の縁辺で、鉤の手の角に当たる地点には、東国寺（現在は無住）が建ち、近くの切岸状の崖際には、小さな墓石群があった。それらの中には、城主氏邦一族の名を刻み、戦国末の天正年中（十六世紀後半）の紀年銘をもつ、宝塔《ほうとう》（供養碑か）二基をはじめ、小型の一石五輪塔群《いっせきごりん》などの信仰遺物も散乱している。東国寺は、城主氏邦の幼児・東国丸を葬ったときに、もとあった古い寺が寺号を変えた、と伝えていた(7)。

いま歩いてみると、一見して広漠とした原野のように見えるが、一帯には般若寺・永昌寺・吉祥寺《きちじょう》・寺町・諏訪神社・八幡脇・八幡社跡といった、寺社の地名も数多く遺っている。この城の三の曲輪に入る大手口（食い違い虎口）も、まさにこの方向に開いている。

この切岸（鋭い崖）は、明らかに武田信玄の襲来（攻め口）を意識した城造りとみられた。城門から出撃すれば、信玄の攻め口にすぐ軍を展開できる。鉢形城は、はじめからグランド・デザインとしてそういう構造を設計されていたのではないか。

数多くの寺社もまた、城の外郭を守る防衛戦略の一環を担って配置されていた。それが、私たちの印象であった。小田原城も、郭のある谷津の一帯に数多くの寺院を配置していたことが、思い出された(8)。

城の北側と西側（信玄の攻め口）に向けた、外郭の壮大なバリアー・切岸地形から見て、北条氏邦軍が武田信玄の軍と死闘を演じた「外曲輪」というのは、この切岸状の崖上に建つ東国寺周辺であったのではないか。それが中田氏の描いた城郭図の解釈であり、航空写真の示すところであり、私たちの心証でもあった。

さらに鉢形城は、城外の西側一帯に、周辺住民たちの避難所空間にもなりそうな広大な外曲輪（約九〇〇×四〇〇メートル）をもっていた。信玄軍の襲来に備えて、「鉢形」に避難せよと、氏邦が領民に指示し、避難先に提供しようとしていたのは、この一帯であったのではないか。軍事拠点であり、村びとの避難所でもあった「外曲輪」をもつ鉢形城の実像の検証を、現地の歴史館や中世城郭の研究者に期待しよう。

城に避難する村の百姓たち

天正十一年（一五八三）九月二十七日、北条軍が上野《こうずけ》（群馬県）に侵攻して、拠点城郭の一つ、利根川沿いに築かれた厩橋城《うまやばし》（前橋市。群馬県庁の一帯）を占拠したときのことであった。このとき、北条氏は、

厩橋にこれある当郷（ぬて嶋村）の百姓、早々、郷中へ罷り帰るべし。諸軍勢、横合《よこあ》い・非分《ひぶん》あるべからず、

として、村ごとに、百姓たちへの暴行や妨害（横合い・非分）を厳禁し、彼らが無事に村に帰ることを保障する、といっていた。(9)

厩橋城もまた、北条軍の侵攻に備えて、領域住民の避難城塞として機能していたこと、占領軍（北条氏）は、戦後処理の一環として、避難していた百姓たちの帰村を許し、その平和と安全を保障しようとしていたこと、などの様子がよくわかる。

九月末といえば、稲の取り入れが、ほとんど終わろうとしていた時期であった。大名の側にも、新たな支配領域となった村々には、心安く収穫に励んでもらう必要があった。そうしなければ、領域の村々から年貢も取れずに、武士たちも飢えてしまう。

それは下野の唐沢山城《からさわやま》（栃木県佐野市）でも同じことであった。城主が「宿構《しゆくがまえ》」の堀の普請を命じた、ある年（未詳）の五月のこと。

いま時分（五月）は、諸士（下級の侍）も、また地下人《じげにん》（村びと）も、作（麦刈り・田植え）の最中の時分（農繁期）に候あいだ、諸人に合力《ごうりき》（援助）のため、この度《たび》は、普請《ふしん》を申し付けず候、

しかれば、六月は、作の隙《ひま》の時分（農閑期）に候あいだ、六月十日頃より二十日まで、ひと普請申し付くべく候（高瀬紀伊守宛、佐野氏忠印判状）(10)、

といっていた。耕作の最中（農繁期）に、村びとたちを城の土木工事に動員するのは避けたい。耕作が暇（農閑期）になったら、普請をはじめて欲しい、ただし十日間だけ、というのであった。農閑期でなければ、耕作が不可能になり、年貢も取れなくなる。こうした気遣いは、戦国の城主といえども当然のことであった。歴史を読む私たちも、「五月は作の最中」「六月は作の隙時」という、いかにも農村らしい季節感を大切にしたい。

この城主の気遣いは、確かに守られていた。その六月七日になると、「宿構《しゆくがま》えの芝土居《しばどい》が余りに見苦しくなったので、ひと普請を申し付ける。今日から支度をはじめ、三日後（六月十日）から普請をはじめてほしい」と、改めて通知していた(11)。芝土居というのは、土を掘って土塁を築き、その上に、風雨除けの芝を張る作業であった。こうした季節ごとの作業は、ここだけの例ではなかった。先の厩橋城では、それから五年経った天正十六年

（一五八八）正月、この城を差配する北条氏は、雑兵《ぞうひょう》（一騎合《いっきあ》い）としてこの城に詰めていた、村々の長老《おとな》百姓たちに向かって、

作式《さくしき》（職）のために在郷《ざいごう》、異儀《いぎ》あるべからず、

と、やがてはじまる春耕のため、それぞれの村に帰ることを保障し、ただ、敵が攻めて来たときは、いつでも連絡するから、みなすぐに城に入ってほしい、といっていた。「作のための在郷」は百姓たちの要求であったか、あるいは、先の佐野の例でみたように城主の裁量であったか。

領域住民の保護と、中国そっくりの「清野《せいや》」策が、一つになっていた様子もうかがわれ、興味をひかれる。

3　九州の「あがり城」

九州の戦時の城籠もり

島津軍と大友軍の激突を焦点とした、九州の戦国内乱末期の城郭の姿にも、少し目を向

けておきたい。

これはイエズス会の宣教師がみた、天正八年（一五八〇）のある城（城名未詳）の光景である。[12]

戦さの間、貴賤を問わず、大なる者も、小なる者も、皆、その妻子を伴って、城内に引き籠もるのが、常である。

この「城内」というのが、九州のどこかは、まだ特定できない。だが、戦場になった城郭が避難城塞の役割を担う習わしが、この地でも観察されていたことは確実である。天正八年という時期から見て、ことに北九州の一帯に、激しい内戦が広がっていた頃である。おそらく、そうした内戦に巻き込まれた、その領域の城には、大勢の人びとの家族ぐるみの避難光景があり、イエズス会の宣教師も、それを目の当たりにしていた。やはり城は、九州でも、かなり早くから民衆の避難所として期待されていたのであった。

これと同じような光景を、もう少し訪ねてみよう。

「あがり城」の光景

天正十二年（一五八四）九月、肥後《ひご》山鹿《やまが》城（熊本県山鹿市）での光景である。[13]

三里四方のことは、あがり城つかまつり、女・童《わらべ》取り乱し、まかり居り候、

肥後山鹿城でも、島津軍の襲来を知った三里（当時の一里は六五〇メートルとされるから、三里はおよそ二キロメートル）四方の範囲に住む女性や子どもたちは、入り乱れてこの城に避難し、城内は避難民でごったがえしていた。これは島津軍の先遣隊が、山鹿にきて実地に観察した報告であった。島津軍はこの城に駐留しようとして、家老の上井覚兼《うわいかくけん》が兵士を先行させ、状況を報告させていたのである。

この住民たちの緊急避難（「あがり城」と呼ばれていた）は、山鹿一帯の住民が、島津軍の「狼藉《ろうぜき》（掠奪・暴行）」を恐れて、城に逃げ込んだからだ。だから、これからは、島津軍の狼藉をやめさせないと、戦場はいつもこういう事態になる。これでは軍隊の駐屯などはとても無理だ、という先遣隊の意見の具申も付記されていた。

ここでは「あがり城」という言葉が、城塞への避難行動をさす用語として使われていた。この言葉に、私は引かれる。「あがり城」という戦国の世の避難行動が、すでに習俗として定着していたからにちがいない。その焦点に領主の城があった。

それに、城に避難したのは女性と児童ばかり、という観察にも、注目すべきものがある。籠城したのは非戦闘員ばかりだ、と敵方から見られていたのである。ただし、戦争の危

機に籠城した女性が、すべて非戦闘員だったと断定できないことは、のちに例をあげよう。
かつて私は、知友の伊藤正義氏と共に、この山鹿城跡を訪ねたことがあった。この城は、合流する二つの河川の間に高く突き出た舌状台地の先端に築かれた堅固な城であった。川の合流点に臨んだ城の先端には、わずかに崩れ残った土塁の跡などもあった。だが、かつて「湯城」とも呼ばれた城の主郭の一帯は、いまは温泉町の広がりにのみ込まれて、その城郭としての規模は探るすべもなかった。

里村ことごとく繰り上がり

天正十四年（一五八六）、肥後山鹿城から、さらに北上を続ける島津軍が、肥前（佐賀県）にある筑紫《ちくし》広門《ひろかど》の勝尾城《かつのお》（鳥栖《とす》市）を攻めにかかったときのことであった。その時の城下民衆の動きを、先の上井覚兼は日記にこう記していた。

里・村ことごとく、繰《く》り上がり、（筑紫氏の）居城へ閉《と》じ籠もる、

勝尾城が島津軍に攻められると聞くと、領域の村々の人びとは、こぞって筑紫氏の籠城する城の中へ「繰り上がる」という行動をとった。この城は、近年、発掘調査や整備も熱心に進められ、国指定の史跡に登録された、スケールの大きい谷間の城跡である。古代中

国の例でみた、多くの人びとが谷間の奥に籠もり、入り口だけに障壁を築いたという、あの「塢《う》」と、立地がじつによく似ている。

谷間の城の手前には、城内への立ち入りを拒むように、「惣構《そうがまえ》」と呼ばれる大規模な土塁が延々と続いている。だが、この上井日記からは、里や村々から多数の人びとが、入り口の惣構から谷間に「繰り上がり」、もっと奥の山間に「閉じ籠もった」と、読み取れる。惣構のずっと奥には、険しい山の上に築かれた、意外に小さな本曲輪（詰めの曲輪）があり、その山の麓まで、谷の真ん中を一本の道が通っている。道の両側には、谷間の奥深くまで、城主のふだんの居館とみられる遺構をはじめ、数多くの城塞群が延々と展開している。やはり領域の城が、村びととの避難所という機能を持っていたことは確実であろう。

六　秀吉軍襲来下の城

1　関東の北条方の城では

戦国の戦場の城の風景は、天正十四年（一五八六）春に、豊臣秀吉が「惣無事令《そうぶじれい》」（私戦停止令）を出した頃から、大きな変化をみせていた。ここでは、いったん受諾した惣無事令を無視したとして、「小田原征伐」の強行された関東の北条方の拠点城郭や、その前の「九州征伐」の標的となった城々の様子を探ってみよう。

百姓・町人その数を知らず——相模小田原城

ことに印象的なのは、天正十八年（一五九〇）初夏、秀吉軍の小田原襲来のときの光景である。上杉軍の襲来から三十年後、外郭の様相は一変していた。直臣に宛てて秀吉自身がこう語っていた。

ず、北条表裏者《ひょうりのもの》(1)、人数(軍勢)二、三万も構内《かまえのうち》に相籠《あいこ》め、その上、百姓・町人その数を知ら

表裏者というのは、おそらく当主の父・氏政のことで、いったん惣無事令を容《い》れながら、それを裏切った油断のならぬ男、ということらしい。また、「人数」というのは、北条氏が全領域から、城主級の首脳陣ばかりを総動員して、籠城させた軍勢(戦闘要員)を意味し、その数は、二、三万ほどと観察されていた。

ところが、そのほかに「百姓・町人」の数は二、三万どころではなく、数え切れないほどの避難民がいた、という。それが秀吉方の観測であった。小田原城を眼下に見下ろせる、いわゆる一夜城《いちやじょう》の崖の上から、城内を観察していたのであろうか(2)。あるいは、城を包囲して前線にいた部下の分析によったのかも知れない。

小太郎の戦場報告

その傍証が面白い。奈良の大寺・興福寺の多聞院主《たもんいんしゅ》に、広く世の成り行きに敏感で好奇心もひときわ旺盛、そして筆まめな僧・英俊《えいしゅん》がいた。彼は小太郎という使用人の男を、わざわざ小田原城下の戦場見物(「東国陣を見廻《みまわり》」)に派遣した。その小太郎の証言が英俊の日記(『多聞院日記』(3))に遺されている。

小田原城は数万の秀吉方の兵に包囲されて、その周りの道端は人馬の死臭に満ちていたと。さらに、「城の内、五里四方に、人勢六万これあり申す」と。戦場を実際に歩いた迫力がある。

「城の内、五里四方」というのは、おそらく城を取り囲む、秀吉軍に備えて造られた惣《そう》構《がまえ》の規模の大きさを語ったものであろう。また「人勢六万」というのは、城を取り囲む惣構の内側に籠もっていた軍勢と百姓・町人の概数を、現地での噂か、自身の観察によって語ったものであろう。

小太郎の観察した人数を、秀吉のいった数と付き合わせると、避難民の数もまた、二、三万人以上はいた、ということになる。死臭の中を歩いた小太郎の生々しい証言は、「小田原城に避難した百姓・町人の概数は、北条軍勢と同じほどか、あるいは、それ以上だった」とも読める。

落城を目前にした終末期の小田原城は、明らかに大がかりな民衆の避難城塞として作動していた。上杉軍の攻めた「三の曲輪」までの段階から、惣無事令の告知によって、天正十五年（一五八七）頃には成立した秀吉軍に備えた「惣構」へ、あたかも中国の城郭の「郭」のように、広大な城下町までも城内に囲い込んでしまっていた。領域の危機管理センターの構築ともいうべき、大きな変貌である。

小田原市街の現地に、いまもくっきりと遺る惣構の規模は、『小田原市史』別編〈城

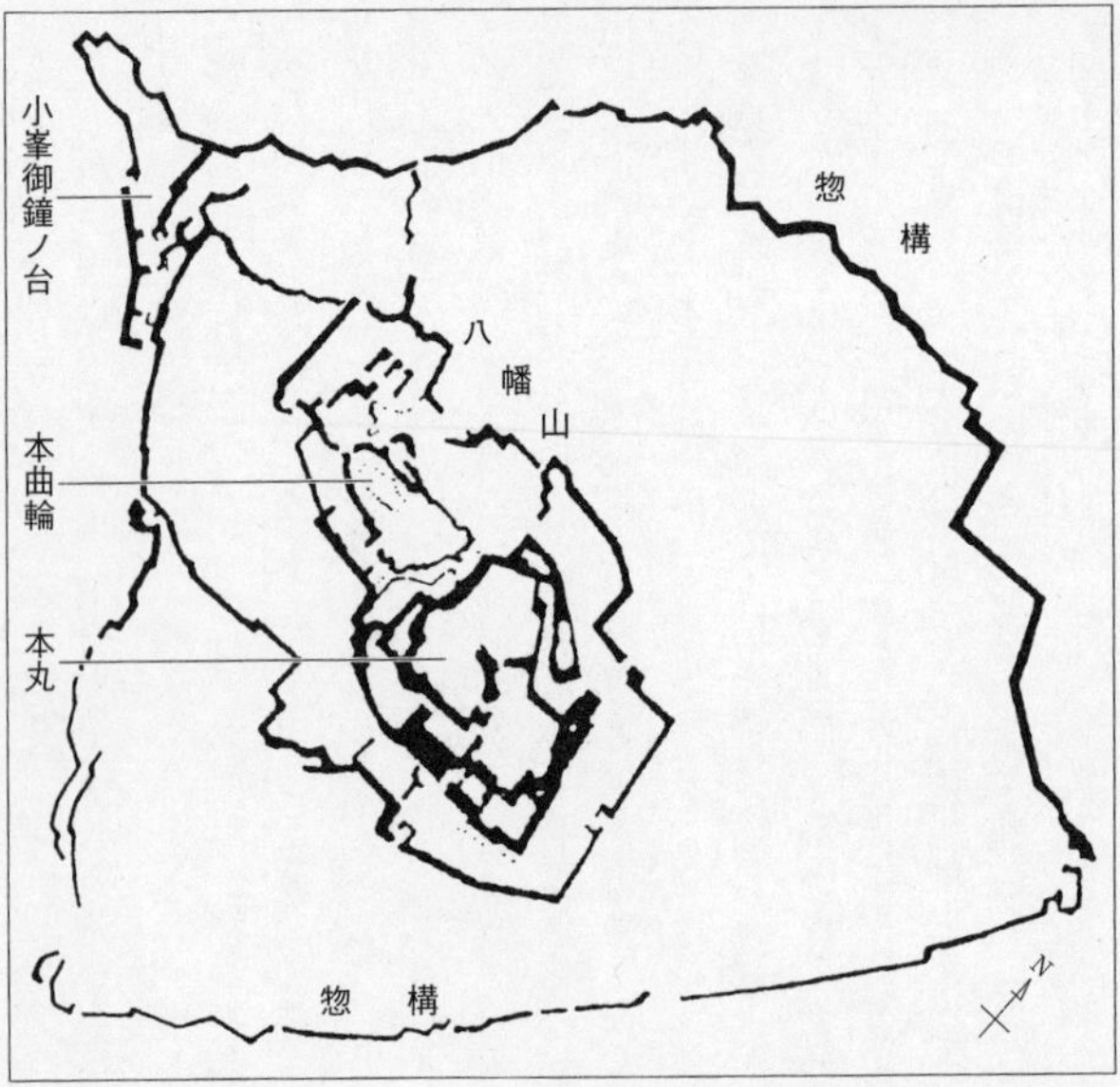

小田原城の惣構《そうがまえ》図『小田原市史』別編〈城郭〉掲載の「小田原城惣構」図を元に作成。

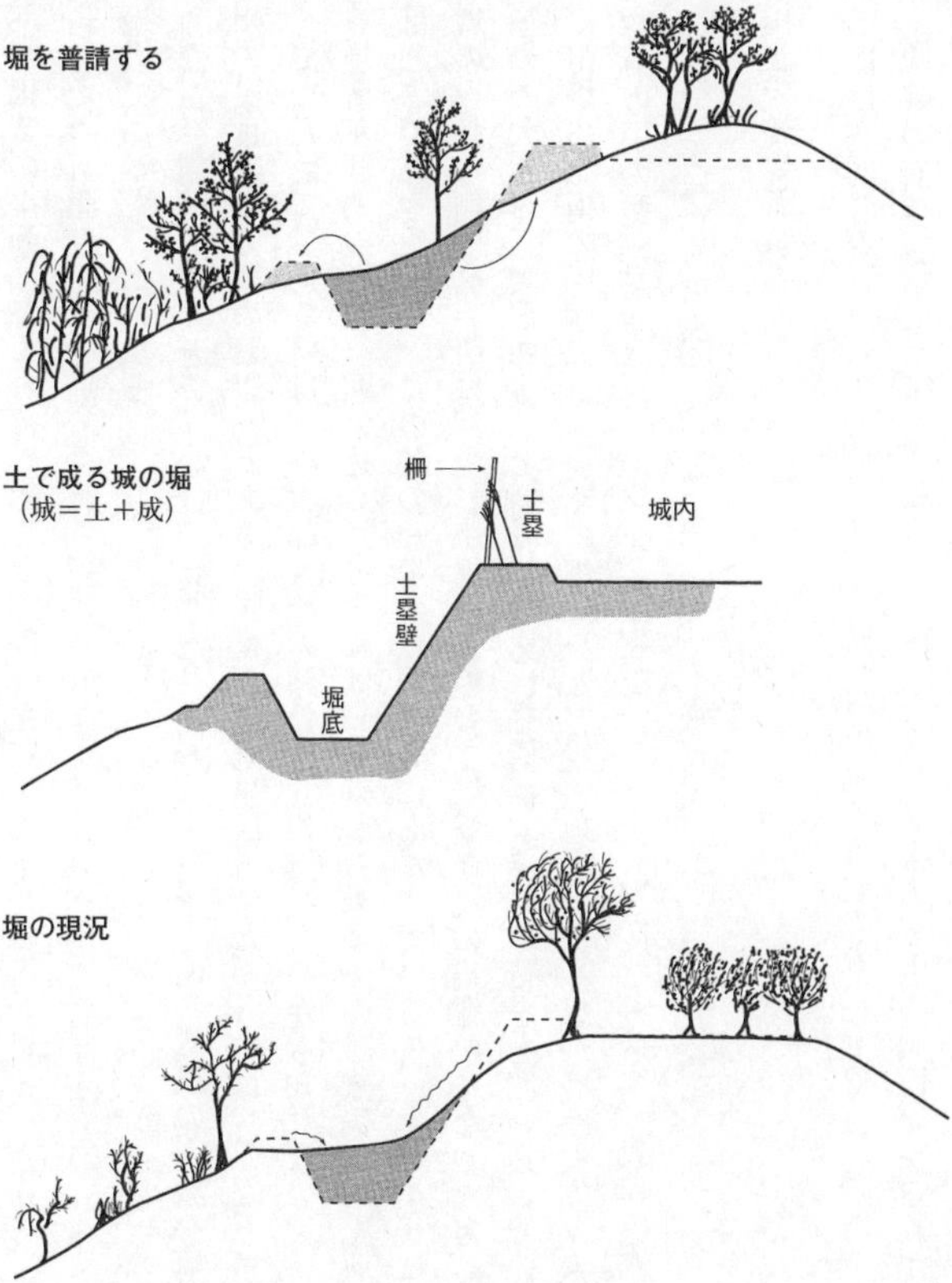

小田原城の堀の成立と現況　原図：大木充由氏作成

郭[4]掲載の平面図によれば、およそ周囲九キロメートルといわれる。[5]だから、小太郎の報告した「五里四方」というのは一三キロメートル（戦国の一里は六五〇メートル）となって、過大であったことになる。

ただ「周囲五里」というのは、『北条五大記』にも「めぐり五里の大城を構えし、関八州《かんはっしゅう》の民百姓まで籠めおき」とある。規模が「五里四方」というのは、かなり早くから流布していた話で、[6]あるいは、小太郎もその話の通り報告したのかも知れない。

惣構が城下の町屋を囲い込んだとすれば、城外からの多くの避難民たちを収容した場所はどこであったのか。この城の一帯の発掘調査にあたっている佐々木健策氏によれば、本城のうしろ側の高い所に、上杉謙信襲来のときに、住民の避難所になったとも推定される、三つの大きな丘陵がある、という。のちに惣構は、その一帯をも囲い込んでいるし、それに町場の惣構の内側にも、多くの畑地など、空き地も少なくなかった。佐々木氏は、この惣構の中の避難所空間は、かなり広かったのではないか、という。先にみた小田原城の「百姓曲輪」（一〇一頁）のことも思い出しておきたい。

川越の城に取り籠もり

次は、同じ天正十八年（一五九〇）夏、河越《かわごえ》城の落城の光景である。

武蔵の河越城下（埼玉県川越市）でも、秀吉軍襲来のときの記憶が綴られていた。ほぼ一世紀後の元禄七年(一六九四)に書かれた『万日記《よろずにっき》』(7)は町の言い伝えを、こう記していた。

河越城主の大道寺《だいどうじ》氏は上野松枝城《こうずけまつえだ》(群馬県)の守りに派遣されたため、河越城は留守居持ちであったが、「惣町人、一所に籠もり候由」という。だが、やがて城主大道寺氏が松枝城(前田・上杉軍)で降参したという報を聞いたため、籠城をとりやめて、

川越の城に取り籠もり候町人も、無事に城を罷《まか》り出《いで》候由、

と、伝えられている。

河越城もまた、その最後には、すべての町人の避難城塞として機能していた、というのである。河越城の主郭部は、いまは都市化の波に埋もれてしまって、小田原城の惣構のような避難城塞の痕跡を確かめるすべはない。

ある一日、私は川越の町を地元の研究者たちの案内で歩くことができた。本城を少し離れた古刹の喜多院《きたいん》を訪ねると、かなり深い堀の跡が、本堂に向かって左側(ドロボウバシ)の辺りから、本堂の裏を巡って境内を取り囲むように延びている。まだ、素人の憶測の域を出ないが、あるいはここもまた、河越城の外郭の一環として、避難城塞の機能の一端を担っていたのではあるまいか。寺も神社も避難城砦として機能していたことは、初めに見

たとおりである。

鉢形城の終末の記憶

同じ天正十八年の夏、前田利家・上杉景勝ら、秀吉方の北国軍団が襲来したときの、鉢形城（埼玉県大里郡寄居町）内の光景を語る伝承が、城下の正龍寺に残されている。(8)

籠《こ》め置きたる人々には……以下、雑兵《ぞうひょう》一万三千五百四十人楯籠《たてこも》る、

鉢形城に敵が攻め寄せることを聞くと、領域の人びとは、「雑兵」として、一万三五四〇人が鉢形城に籠もった、という。武士のほかにも一般の住民が城に入って、敵と戦おうとした、というのであった。

この記憶（伝承）は、先にみた河越城の記憶（「惣町人、一所に籠もり候由」）とも、よく似ているし、松山城（比企郡吉見町）や忍《おし》城（行田市）など、同じ埼玉県内の各地の拠点城郭でも、その痕跡が確かめられる。

いまは仮に、この人数がおおよそは当たっているとしよう。これだけの大きな人数を、鉢形城の狭い主郭部分（国指定史跡の範囲）に収容できたはずはない。だから、先に推測した、別の広大な「外曲輪」の一帯に籠もった、と憶測する方が無理はない。

落城した岩付城の大構・外構

戦国の岩付城（埼玉県さいたま市岩槻区）は領域の村ごとの請取普請で維持されていた。そのことは、先にみた（八四頁）。次の①と②は、天正十八年（一五九〇）五月、秀吉軍の襲来をまともに受けて、果敢に戦った岩付城の落城直後の光景である。

①何も役に立ち候者は、はや皆、討ち死に致し候、城の内には、町人・百姓・女以下より外は、ござなく候[9]、

岩付城の兵士たちは、みな戦って討ち死にし、落城した後に残っていたのは、町人・百姓・女性ばかりであった、という。やはり、この岩付城も戦時には、領域の民衆の避難所として機能していた。逃げ込んだのは、請取普請を割り当てられていた領域の村びとたちであったろう。築城の義務と戦時の避難とが対応していたにちがいない。

この頃、秀吉自身も九州の小大名の筑紫《ちくし》氏に宛てて、

②（岩付城の）外構《そとがまえ》共乗っ取り、千余（人）これを討ち取り、本城一之門《いちのもん》へあい付き候、……残るは町人・百姓・その外妻子類までに候、（秀吉朱印状[10]）

と、いっていた。①に「城の内」とあるのを、②では「外構」とか「本城一之門」ともいっている。①と②にいう「町人・百姓・女以下（妻子類）」が籠もっていたのは、「外構」であったのか。あるいはその内側にあったらしい「本城一之門」の中であったのか。領民の避難場所を、城のどこに比定するかは難しい。ここでは、外構＝大構《おおがまえ》の内を想定しておきたい。岩付城もまた、領域民衆の避難所、という役割を確実に果たしていた。

これより先、天正十五年（一五八七）末、秀吉軍襲来の危機感が高まってきたとき、岩付城では、すでに次の③〜⑤のような措置がとられていた。

③妻子召し連れ、……岩付大構の内へ罷《まか》り移るべし（天正十五年末、北条氏房朱印状、内山氏宛(11)）

④岩付御領分の兵粮《ひょうろう》……岩付大構の内へ付け越せ、（天正十六年正月、北条氏房朱印状、八林・百間百姓宛(12)）

⑤御城外構の普請、成され候あいだ、諸郷人足……、（天正十六年正月、北条氏房朱印状、井草宛(13)）

以上の③④によると「妻子」や「兵粮」の収容場所は「大構の内」であった。天正十五年末には、すでに「大構」は完成していたようにみえる。だが⑤によれば、翌天正十六年正月にも「外構の普請」は続いていた。

妻も子も籠城せよ、というのは、領域に向けた総避難の命令であったのか、武士たちの人質の確保だけを意味していたのか、断定はむずかしい。だが、先にみた河越城や鉢形城の後世の記憶からみると、総避難令であったかもしれない。あの中国の「堅壁清野」の作戦が思い出される。

さて、これら町人・百姓以下の人びとは、岩付城のどこに避難したか。①②では、外構=大構を想定したが、③④⑤でも、ほぼ同じ場所が想定はできる。

そこで、長く岩付城の発掘調査を進める青木文彦氏をはじめ、浅野晴樹氏・諸岡勝氏とともに現地を歩いた。青木氏は、領域民衆の避難所を想定するとすれば、深く広い堀と、そこから立ち上げた高い土塁によって町場を取り囲んでいた「大構=外構」よりも、むしろ城内の元荒川沿いの「新正寺曲輪《しんしょうじくるわ》」がふさわしいのではないかと、慎重に示唆されていた。

大構は都市化の波にのみ込まれてしまって、遺構が残っていたのは、小さな神社の祀られる、わずか二カ所だけであった。

そのわずかな大構の遺構からみると、大構の土塁は、高さが約五メートルほどで、その外側をめぐっていた外堀は、もとは四メートル以上の深さがあったというから、外堀の底

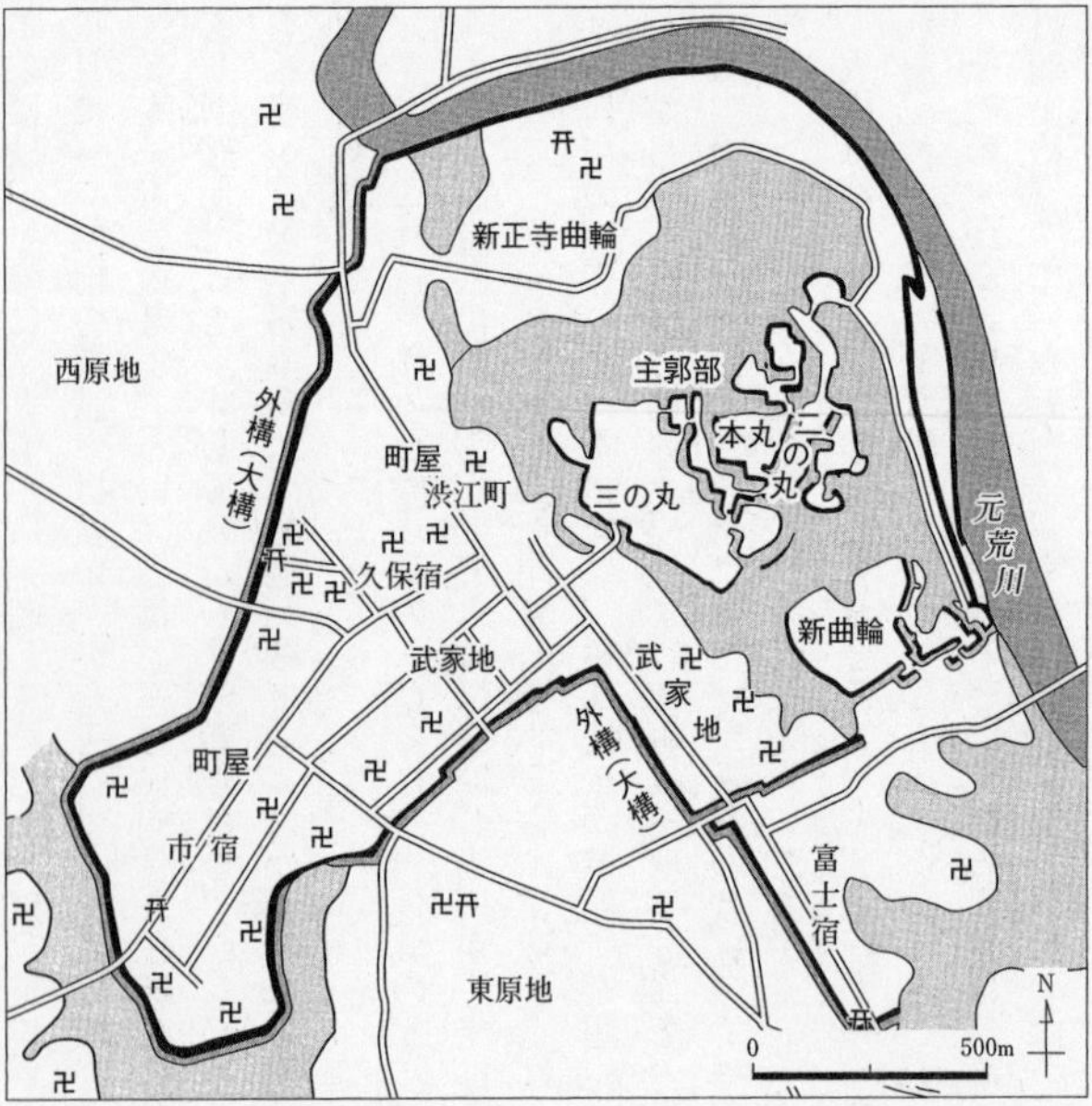

岩付城《いわつき》 大構《おおがまえ》 図　原図：青木文彦氏作成

から土塁の上部までなら、合わせて九〜一〇メートルを超えていたことになる。さらに、外堀の幅も一〇メートル以上はあった、という。大構は文字通り巨大な構えを備えていたことになる。

そのうえ、大構の内部の空間も、いまのように町場で埋め尽くされていたわけではなく、空き地、つまり避難所になる空間もあったはずだ、という。

青木氏が、あるいは避難所曲輪かと推定している「新正寺曲輪」も、いまはすっかり宅地化して、時折、建て替えの折などに、ピンポイント的な小さな緊急発掘が行われているだけで、表土層が撹乱されてしまっていて、戦国期の遺物や遺構に当たらない、という。戦国の遺物の少ない場所であったから、あるいは緊急避難所であったのではないか、と推測されたのだ、という。

この城外からの避難所曲輪を確かめるには、なお多くの時間が必要であるらしい。

町人たちの松山城籠城

武蔵の松山城（比企郡吉見町）でも、住民たちの籠城が明らかになるのは、天正十八年（一五九〇）春、秀吉軍襲来の直前からである。

その三月、自身は主な家来たちとともに、小田原城詰めが決定していた松山城主の上田憲定《のりさだ》は、城主が留守になる城の防禦措置を心配してか、城下で最大の町場であった松山宿《しゅく》（本宿と新宿、東松山市）に向かって、およそ次の①のように説いていた（上田氏印判状[14]）。

①御世上火急《ごせじょうかきゅう》……松山城に籠城いたし、無二に走り廻るべき儀、……累年、当宿にあって進退をおくり候筋目《すじめ》、さりとては、この度、走り廻らずして叶わず候、……町人衆・わきの者までも、心得のため……、

まことに厳しい軍事情勢である。だから、町の人びとも、ぜひ松山城に「籠城」して、守りに努めてほしい。長年、この松山宿で暮らしを立ててきた「筋目」（義理）があるではないか。町人衆だけでなく、身分の低い脇の者たちまでも、ぜひ力を貸してほしい、というのであった。

ここで城主は、町人衆ほかの住民たちに「籠城」を懇請している。町民たちへの避難勧告というよりは、兵としての活躍を期待した動員要請であった。

「町人衆・わきの者」たちは、本来、非戦闘員であった。だが、城主以下の主な軍勢が小田原詰めを求められている以上、城を守る兵数の不足は避けられなかったからであろう。

なお、後世の記録（「岩殿山正法寺縁由[15]」）には、こう伝えられていた。

②軽卒（雑兵）・所民（住民）……都合、弐千人たてこもる、

この光景が、果たして松山城主の説得の成果であったかどうか。それは、明らかではない。だが、このとき、松山城には雑兵《ぞうひょう》や住民ら、合わせて二千余人が籠城していた、と伝えているのに、注目してみよう。右の①と②をあわせて考えると、雑兵だけが戦闘員で、住民は非戦闘員であったと、峻別するのは無理であろう。

避難城塞は戦闘城塞でもありえたのであった。中世には、町や村では、民衆も自前で武装するのが当然であったから、この避難住民は戦闘要員でもありえた。

しかし、秀吉軍は、岩付城の落城風景から明らかなように、兵士（戦闘員）と民衆（非戦闘員）をはっきり区別し、民衆を解放することを、占領政策の原則として誇示していた。秀吉方の報じる落城風景に、しばしば、両者の峻別が見られるのは、そのためであった。この原則が何を意図していたか。それは、後段の肥後（熊本県）の八代《やつしろ》城や紀伊（和歌山県）の雑賀《さいか》城の例で、あらためて確かめてみたい。

もし、②の情報を信頼すると、二千余人の雑兵や領域の住民を、松山城のどこに収容できたのかが、大きな問題になる。いま国指定史跡とされている諸曲輪群は、数多くの深く広く長い堀に切り刻まれて、平坦な曲輪面は意外に狭いからである。

松山城の外曲輪を歩く

いまからおよそ三十年ほど前まで、松山城には、三の曲輪の東（右）側に大きく張り出した高地の一帯に、「外曲輪」と通称される、中心の諸曲輪の総面積にほぼ匹敵するほどの、広大な空き地が放置されていた。私が『東松山市史』の編纂に関わって、この一帯を歩き回っていた頃である。

土取りの犠牲になった、その空き地には、いまは武蔵丘短期大学が建っていて、縁辺部には、内側を抉《えぐ》られた長大な土塁の縁《へり》の跡がわずかに遺っている。その外郭のわずかな遺構からも、もとの「外曲輪」の広大さだけは想像できた。市史の資料編に収められた、藤井尚夫氏作成の松山城縄張図にも、「外曲輪」の長大な外郭ライン（縁辺部）だけが痕跡をとどめている。

大学の周りを歩いてみると、校舎の周囲に、藤井図どおりの外郭ライン（土塁と切岸状の遺構）が、三方にいまも遺されているのを、見ることができた。[16] 二千余人の雑兵・住民をそっくり収容できたのは、三の曲輪に近接して設けられた、この「外曲輪」だったのではないか。つまり、松山城もまた、広大な民衆避難所を備えていたことになる。

外曲輪の右側に続く外郭ラインの頂点から、山の麓を通る自動車道路（元は空堀の底か）までの高低差は、現状でも一〇メートルを超え、鋭い切岸状の崖が、下を通る道路沿いに、

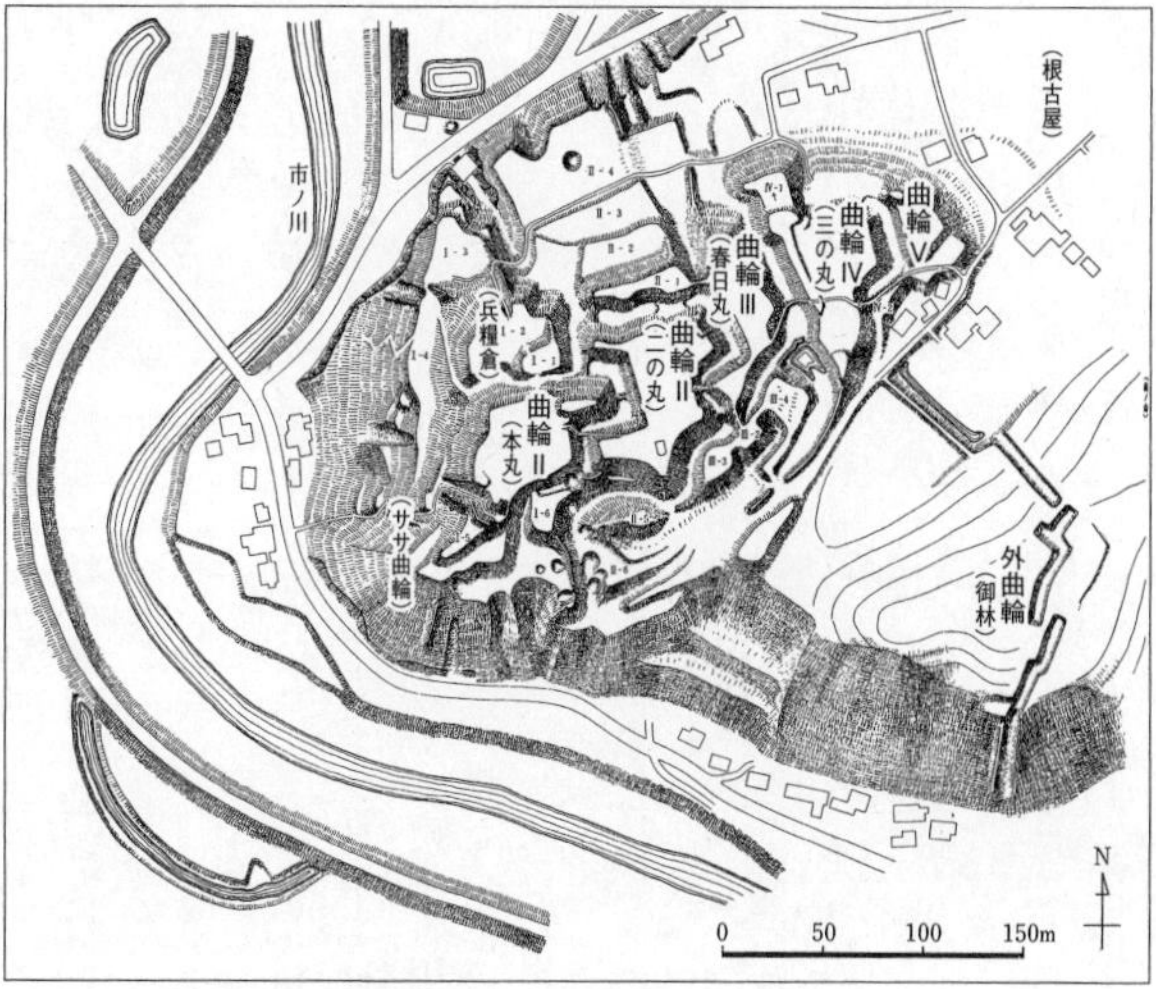

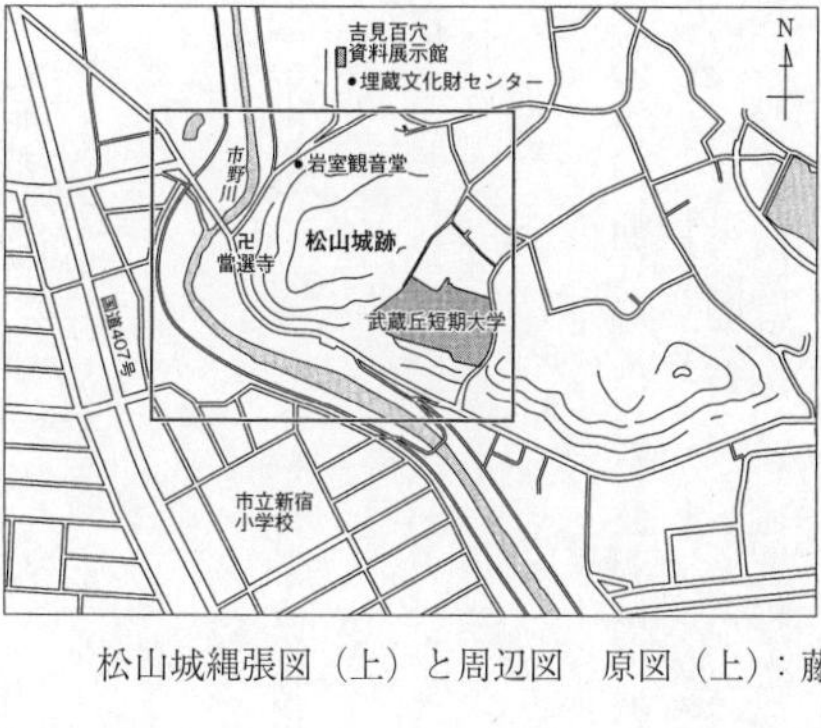

松山城縄張図（上）と周辺図　原図（上）：藤井尚夫氏作成

長く連なっているのを認めた。外曲輪といっても、鉢形城に比べると、松山城のそれは、明らかに塁壁がよく整備された堅固な避難城塞（外郭）であったことが想定できる。

武蔵忍城の水責め

石田三成軍を中核とする秀吉方の軍勢によって、水責めにあった忍城《おし》（埼玉県行田市）の落城風景と善後措置は、天正十八年六月十二日、秀吉から三成宛てに、こう伝えられていた（秀吉朱印状）[17]。ときあたかも、麦の収穫も田植も終わった農閑期であった。労働力の集めやすい季節であった。

忍城の儀、御成敗《ごせいばい》を加えらるべき旨に候、……水責めに仰せ付けられ候わば、城内の者共、定めて一万計《ばか》りもこれあるべく候か、しかれば、隣郷荒所《りんごうこうしょ》になるべく候あいだ、あい助け、城内・小田原にあい籠もる者共の足弱《あしよわ》以下を、端城《はじろ》へ片付け、何も請取り候、岩付の城同前に、鹿垣《ししがき》結い廻し、入れ置き……城内の家・財物《ざいもつ》ども散らざる様に……、

忍城に水責めを命じた。そのため城内には、一万人ほどが籠もっている様子だ。水責めをすれば、周辺の村々は（家も田畠もすべて）荒廃してしまうから、あらかじめ救済の措

置をとることが必要である（そうしないと、戦後の村々の復興策が困難になる）。

また、忍城内や、秀吉の命令で小田原城に籠もっている、忍城主成田《なりた》氏長《うじなが》ほか有力者たちの足弱（妻子・老人）は「端城」（本城から離れた出城）にまとめて収容して請け取り、「岩付城と同じように、鹿垣を結い回して」、そこに収容せよ。城内の家や財物なども散乱しないように措置せよ、というのであった。

「水責めだ」というので、忍城周辺の住民がいっせいに城に避難し、さらに戦闘員らの家族（足弱）をあわせると、非戦闘員だけでも、およそ一万人ほどが忍城内にはいるだろう、というのが、秀吉（石田三成軍）側の観測であった。

この推定避難者数は小田原城や河越城・鉢形城に次ぐ多さであり、その大半が領域の村々からの避難者であった、とみられよう。水責めによる洪水が、広く城の周辺一帯の農村と耕地を、すべて水浸しにしてしまうからであったにちがいない。

ただ「一万ばかり」という大きな推定数は、「隣郷は荒所になるだろうから、あい助けよ」という撫民《ぶみん》（民は助けよ）の指示とともに、おそらく「豊臣プロパガンダ」(18)であり、誇張もあったであろう。だが、現実に水責めにあい、浮島状になった忍城もまた、水浸しになる周辺の町や村の避難城塞として作動していたことは、事実として認めなければならない。

武士の家族たちも救い出して「岩付城のように鹿垣を結い廻して収容せよ」という。その事実を青木氏に尋ねてみた。すると、岩付落城後の処置を報じた一文に続いて、その後に「かくれ居り候者ども探し出し、一所に鹿垣をゆい廻し、追い入れ」た、という文言があった。やはり秀吉方の軍は、鹿垣という柵列（本来は鹿の被害から作物を守るための柵）を結い回して、いわば敗残の人びとを収容する、特別の囲いを岩付城内にも造っていたのであった。

「忍城戦記」の世界

忍城の水責めについては、和田竜の小説『のぼうの城』[19]によって広く知られるようになった。その素材となった「忍城戦記」[20]には、領域の村びとたちが籠城して、持ち場ごとに分かれて戦った、と伝えている。この伝承は、先に見た松山城で、町人たちへの籠城要請が、兵卒（守備要員）としての動員要請を意味していた、という事実や伝承ともよく符合している。戦記に確かな裏づけがあるわけではないが、参考にはなりそうである。

その「忍城戦記」にいう民衆の籠城風景（前線配置の抄録）は、次のようなものであった。

①長野口持ち＝足軽三十人・農人三百余人、
②北谷口持ち＝足軽三十人・農人二百人、
③佐久間口持ち＝足軽四十人・農人・商夫、都合四百三十余人、

④忍口持ち＝足軽百人・町人六百七十余人、
⑤行田口持ち＝足軽四百廿人・百姓・町人五百人、
⑥皿尾口持ち＝足軽廿五人・百姓・町人百五十人、
⑦持田口持ち＝足軽四百廿人・百姓・町人・寺法師・雑兵以下……、
所々の持ち口の人数、都合二千六百廿七人也、
十五歳以下の童部等、千百十三人、男女都合三千七百四十人、立て籠もるなり、

忍城の七つの城門を固める（口を持つ）兵として、諸口に分かれて守備についた百姓・町人の総数は、概数の明記される①〜⑥だけで二八九〇人以上（⑦の人数は不明であるが、⑤の足軽数や百姓・町人数を参照すれば、やはり五〇〇人ほどであったか）であり、戦記ものの常として、記載の人数は合わないものの、民衆の籠城総数は「男女都合三千七百四十人」とある。

だから、忍城に緊急避難した周辺の人びと（児童・男女＝三七四〇人）のうち、少なくとも六〇〜七五パーセント程度の百姓・町人が戦闘要員として、諸口に配置されたことになる。避難城塞は、ただちに戦闘要塞にも転化しえたのであった。

先に見た秀吉方の情報によれば、忍城の避難民衆の総数は、「定めて一万ばかり」と分析されていた。右の「戦記」の数は、この情報のおよそ三分の一ほどに過ぎなかったこと

になる。秀吉情報は、やはり「豊臣プロパガンダ」というべきか。あるいは、「戦記」の控え目な書きぶりに、それなりの真実らしさを読み取るべきか。

「戦記」にみる水責めの光景

この「戦記」六月七日条には、石田三成側の水責め工事の土木労働に雇われた周辺民衆の動向についても、興味深い記事がある。

石田は、忍城が周囲を大沼と深田に囲まれて、ほとんど水漬けの島という立地条件にあったことから、周囲を流れる二つの大河、利根川と荒川をともに堰《せ》き止め、その流水をまっすぐ忍城下に引き込む導水堤防を設置する、という水責め策を決断し、ただちに「近郷・隣里」に、こう指令したという。「男女・児童によらず、忍城外に集合して、土を運び堤防を築けば、米銭を与えよう」と。

これを聞いた「近国・近隣」の「郷《さと》の農人・商夫・児童等」が、たちどころに数十万人も群れ集い、昼夜を分かたず、土を持ち運んで、わずか五日のうちに築堤を終えた。やがて十一日、忍城の城外一〇町（およそ一キロメートル）四方に、二つの大河の水が満ちあふれて、ほとんど湖水のようになった、と。

私は、中世城郭に詳しい八巻孝夫氏を誘い、塚田良道氏の案内で、忍城の故地を歩いた。いまも現地には「石田堤」と通称される堤防の跡（行田市＝旧下忍村大字堤根字松原）が遺っている。明治十七年（一八八四）に参謀本部陸軍部測量局の作成した二万分の一図（明治十七年行田町迅速測図）にも、その形状がはっきりと画かれている。また、その堤防跡の残された面積は約六〇〇坪で、長方形状をなすとか、川越道に沿って南北に走り、「その形状長蛇に似たり」などと、記録されている。(21)

なお、この水責め策に当たって、あらかじめ石田三成は、その工事の労働の報酬として、賃金（米銭）を「昼の労働には、一人あたり、永楽銭六〇文と米一升」「夜の労働には、永楽銭一〇〇文と米一升」と、かなりの高額を公約していたから、「近国・近隣」の村や町は、ほとんど築堤ラッシュの状況を引き起こしていた、という。(22)

これより先、天正十四年（一五八六）には上方《かみがた》の首都圏で始まっていた、大坂はじめ数々の築城・建築ラッシュの日用《ひよう》（日雇いの賃金）は、一日に米四升が相場であった。この当時、米一升はほぼ一日の食料（台飯《だいはん》＝一升飯《いっしょめし》）に相当した。(23)

この水責めの労働力として、割のいい労賃に引かれて、「数十万人」もの働き手が集まったという、その数字は、おそらく誇張であろう。だが、築堤の土木工事が、各地の村々にブームを呼び起こした迫力のほどをしのばせるに十分である。そこに投入された土木費用、支払われた築堤の労賃（銭や米）の規模の大きさは、その一瞬（わずか一週間ほど）で、なぜ水責めが成功したかをよく物語っていて、「戦記」の伝承としても、切り捨てがたいところがある。

上野箕輪城の落城風景

上野《こうずけ》の箕輪《みのわ》城（群馬県高崎市）は、天正十八年（一五九〇）四月末頃、前田・上杉・真田《さなだ》ら連合軍の攻撃によって、落城していた。同月二十九日付けで、秀吉は城攻めの尖兵を務めた真田安房守《あわのかみ》（昌幸《まさゆき》）宛に、こう指示していた（豊臣秀吉書状）(24)。その要旨を①〜④にまとめてみよう。

①箕輪城にある鉄炮《てっぽう》の玉薬や武具や兵粮などは、よく注意して接収せよ。
②次に、在々所々の土民・百姓どもは、還住《げんじゅう》するよう、真田方から触れを出せ。
③東国の習いに、女・童を捕らえて、すでに売買してしまった者がいたら、後日にでも分かり次第に、成敗を加えよう。
④もし、女性や子どもたちを捕らえて、いまだに私物化している者がいたら、女・童たちを、ただちに元の在所へ返してやれ。

この②にいう「在々所々の土民・百姓ども還住」というのは、箕輪城に避難して、立て籠もった百姓たちを、村々へ還せ、とも読めそうである。おそらく、その可能性もあるだろう。だが、「真田方から触れを出せ」といっているのをみると、むしろ戦争を避けて、戦場を離れた山小屋（村の城）などへ散りぢりに退避している百姓たちに、広く触れを回して呼びかけ、もとの家に還り住み、早く農耕に励むよう、よく説得せよ、と読む方が妥当かもしれない。

この頃の四月末といえば、麦の収穫・稲の田植えの季節が、やがてピークを迎えようとしている農繁期に当たっており、新しい領主側も焦っていた。

先にみた武蔵の忍城では、落城の後に、城攻めの司令官だった石田三成に、秀吉が、「（避難民を）殺したら隣郷がみな荒廃するだろう。（そうなると困るだろう）だから助けてやれ」と、指示していた。

また、後でみる肥後の八代城では、五万人ともいわれる避難民について、秀吉は、「国に人がいなくなれば、後の耕作などに困るだろう。だから助けてやるのだ」と、もっとはっきり自分の意向を表明していた。この箕輪城将に宛てた指令も、これらと一貫する秀吉の占領政策の基本であったにちがいない。

③戦場になった地域での、女・童の売買や私物化は、それを「乱取り《らんど》」といって、日本全国で広く行われていた。ここで秀吉は、それを「東国の習い」といっていたが、秀吉軍は先の「九州征伐」の戦場でも、激しい乱取りをしていた。

④については、秀吉自身が、これより二年前の天正十六年（一五八八）に、広く自軍の兵卒たちに向かって、公式に「乱取り禁止令」を出していたのであった。(25)

2 「九州征伐」前後の城では

豊後の岡城では

秀吉のいう「九州征伐」の過程に見える城郭の籠城風景にも、触れておきたい。まずは、ルイス・フロイス『日本史』の天正十四年（一五八六）十月条に、こう記されている。九州戦国の終焉が迫っていた。

大勢の者が、（ドン・パウロの）岡城に立て籠もった。彼らは、男女・子供を合わせて、三、四万を数えたということで、そのうち、七、八千は、戦闘ができる人たちであった。

この豊後の岡城（大分県竹田市）というのは、仙台市の青葉城と並んで、名曲「荒城の月」のモデルともいわれ（竹田市出身の滝廉太郎作曲、仙台市出身の土井晩翠作詞）、豊後きっての名城として、よく知られる。

この城は白滝川と稲葉川に囲まれ、四囲が絶壁の巨大な台地の上にあった。この頃、城主は剛勇のドン・パウロ＝志賀《しが》親次《ちかよし》で、城郭の規模もことに大きい、要害堅固な戦国の城であった。[26]

岡城が、全九州を席巻しつつあった島津軍に襲われたとき、領域の村々からは、じつに三、四万人もの、男・女・子どもが、この城に避難したと、フロイスはいう。家族ぐるみの籠城であった。その籠城した人びとのうち、七、八千人、つまりほぼ二〇パーセントは戦闘員であったという。それだけの軍勢で、城主の志賀氏は天嶮の城によって、いく度も島津軍を撃退し、退却させると間もなく、島津征伐の秀吉軍（中川氏の入城）を迎えたのであった。

三、四万という避難者の数が、仮に一桁少ない三、四千人であったとしても、途方もない数である。彼らはいったい、城のどこに籠もったか。『ビジュアルワイド　日本名城百選』[27]に、この岡城の項を執筆した、現地の中西義昌氏（岡城歴史資料館員）に、教えを乞うた。

中西氏によると、戦国の岡城は、東（次頁図上方）の郭といわれる、東端にある三方を山に囲まれた、ごく小さな曲輪（白い部分）で、それを少し西寄りの狭い谷間で仕切って、自然のガードを固めていた、という。前にみた中国の「塢」のことが思い出される。この小さい曲輪からみて、ここが村びとたちの避難所になったとみる余地はなさそうである。

以前、いまは亡い外園豊基氏と現地を歩いたが、図の下方に新造された、にわか造りの大手門に気を取られて、上方のこの小さな中世の曲輪を見落としていた。

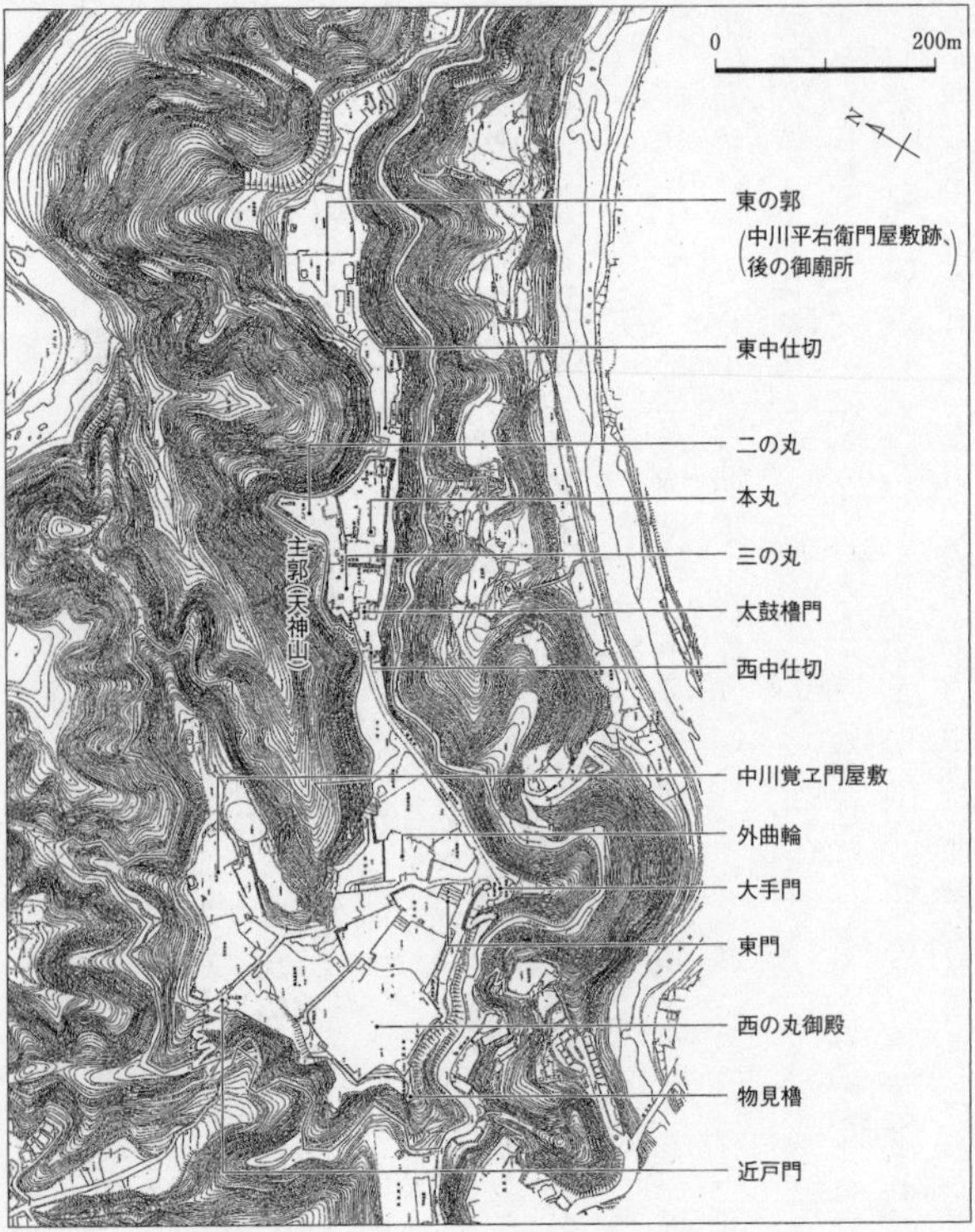

岡城図　原図：大分県竹田市教育委員会作成

城内で、多くの避難民を収容できる避難所に相応《ふさわ》しい場所を、あらためて中西さんに問うてみた。近世の中川氏（文禄三年〈一五九四〉入城）の岡城では、西（右図下方）側に大きく長く広がる「U」の字形の広大な「外曲輪」（現在の大手門の内側）に比定され、戦国期にも、ここには平坦で広大な地域が形成されていたらしい、という。三、四万といわれた、数多くの民衆の避難所となったのは、この図の下方の外曲輪の地域であったにちがいないと、私は推測した。

豊前香春岳城では

翌天正十五年（一五八七）、フロイスの『日本史』は、こう記していた。

その城の中には、六、七千人の戦闘員のほかに、男女・子供を混じえて、五万人あまりの者がいた。

「その城」というのは、豊前《ぶぜん》の香春岳《かわらだけ》城（福岡県田川郡香春町）のことである。かつてここは「天嶮の砦」と称えられ、近代には炭坑節でもよく知られた。だが、いまはセメント材（石灰石）の大がかりな採掘が、山頂の一の岳・二の岳と進んで、無惨な山容をさらす。城も岳もほとんど壊滅に瀕しているという(28)。

この年、城主は秋月方の高橋元種《もとたね》であった。だが島津義久方に呼応したため、黒田・小早川ら秀吉軍の急襲にさらされた。激戦の末に、三の岳の堅塁を攻め落とされ、落城した。降伏した城主元種は、秀吉軍に編入されて、島津攻撃の先兵となった。その功績により、のちに日向《ひゅうが》（宮崎県）延岡城の藩主となった、という(29)。

領域の男・女・子どもなどが、この城内へ詰めかけて避難していた。籠城者たちの総数は、じつに五万人余りもの数にのぼったと、フロイスは書いている。しかも、そのうち戦闘員は、わずか六、七千人（全体の一五パーセント）にすぎなかった、という。香春一帯の人びとがこぞって地域の拠点城郭に避難していたらしい。

これだけの人数を、この城のどこに収容できたのか。石灰石の採掘による近年の無残な「落城」のため、主な曲輪は崩壊し、領域の人びとの避難曲輪などを確かめるのも、難しい状況である。

以前の城図を眺めると、主郭の連なる山頂部ではなく、集落の反対側（城の裏側）の崖下に長く延びている谷筋にでも避難したのであろうか。だがこれは、あくまでも図上での憶測である。

なお、この五万人余りという籠城人数は、フロイスの誇張もあったろう。だが、先にみた小田原城の総籠城人数に匹敵し、次にみる肥後八代城での秀吉の令書にも、同じ数字がみえているから、まったく無視することもできない。

肥後八代城の場合

天正十五年（一五八七）四月、肥後の八代城（熊本県八代市）が秀吉軍に敗れて落城したとき、秀吉はこう言明していた（豊臣秀吉朱印状[30]）。①〜③の段落ごとに検討してみよう。

①奉公人・町人・その外《ほか》、百姓男女にて、五万も有るべく候ものを、②殺されべき儀、ふびんに思召《おぼしめ》され、③また、国に人なく候えば、耕作以下、如何《いかが》に思召《おぼしめ》され、相助けられ……、

これは秀吉の「九州征伐」の軍が、八代城を制圧した直後のことである。落城のあとの城内には、①武家に雇われている百姓の子弟、城下に住む町人、村に住む百姓の男女が、その数およそ五万人はいるだろう、と。先の香春岳城と同じほどの人数が城内に避難していたことになる。

彼らは、②本来、敵方に籠城したのだから、処刑すべきところだが、かわいそうではあるし、③それにこの国に百姓たちがいなくなったら、耕作もできず、この後、ここに入城して統治する領主（秀吉の重臣層）も困ってしまうだろう。そう考えて、助命してやることにした、という。

五万人ともいわれた、香春岳城や小田原城の末期の籠城人数に匹敵する規模の避難者たちは、八代城のどこに避難していたのであろうか。

この城は、現地を歩いてみると、山々の間に五つの大きな曲輪を連ねた、巨大な城郭群であることがわかる。その大きな城郭の中のどこに、五万人規模の避難民を収容したのであろうか。

この城に詳しい、人吉市（熊本県）の鶴嶋俊彦氏に案内を乞うと、城の外郭の山々の麓に、外側を小川に囲まれた、いま「古麓《ふるふもと》」と呼ばれる集落を、この城の惣構《そうがまえ》に比定している、という。だが、その現地を歩いてみても、ここに五万人もの（いや五〇〇〇人であっても）避難民を収容できるとは、とても思えない。仮に集落を囲む惣構という想定が事実としても、ここだけに五万人が避難したとみるのは、やはり無理ではないか。

先に『雑兵たちの戦場』(31)で、私は本城群の五つの峰が連なる、城と城の間にある奥深い谷々の間を、避難所に想定した(32)。だが、それとて、確証があるわけではないから、今後の本格的な調査・検討に期待しよう。

紀伊雑賀一揆の城の落城風景

「五万人もの避難民を助けてやった」。秀吉のこの言明は、青木文彦氏のいう一連の「豊臣プロパガンダ」には相違ない。だが、これとよく似た落城後の百姓たちへの助命・帰郷の措置は、すでに、その二年前、天正十三年（一五八五）四月、紀伊（和歌山県）雑賀一揆《さいかいっき》の水責め・落城の直後に、もっとはっきりした秀吉の言葉で、語られていた。[33]

すなわち、「平百姓そのほか妻子以下」、つまり一般の百姓たちとその家族だけは「切首」を免除して、「助命」してほしいという、一揆方の歎願を容れて、「秀吉あわれみをなし、免《ゆる》し置く」ことにすると言明し、さらにこう指令していた。

一、在々百姓等、自今《じこん》以後、弓箭《ゆみや》・鑓《やり》・鉄炮・腰刀《こしがたな》など、停止《ちょうじ》せしめおわんぬ。しかる上は、鋤・鍬など、農具をたしなみ、耕作をもっぱらにすべきものなり、

私はこれを、かつて秀吉の「原《げん》刀狩令」と呼んでみた。[34]

この雑賀宛の指令の前段に、「平百姓そのほか妻子以下は助命する」とあるのと、後段の末尾に「耕作をもっぱらに」というのを合わせると、先の八代城で言明した、「国に人がいなくなれば、耕作が出来なくなるから、百姓たちの生命を助けよう」という趣旨と、よく似ている。

秀吉の政権は、その出発と同時に、かつて信長がくり返し表明した、民衆の「撫《な》で切（皆殺し）」政策とは、はっきり一線を画していた。つまり、そこには、占領地を早くも自分の支配する城や国とみなし、国の生産を支える、百姓の生命と耕作を保障し維持する、

という新たな統治＝勧農政策があった。

そう見なければ、先に見てきた岩付城など、関東の拠点城郭のほとんどで、落城のすぐ後に、百姓の解放策が採られていた理由が解けないことになる。「豊臣プロパガンダ」の底には、こうした一貫した統治＝勧農政策への必然性と確かな見通しがあったのではないか。

ところが、それは秀吉の独創ではなかった。これまでみてきたように、戦国の城主や領主たちが戦争の危機に直面したとき、その城郭に領民を受け入れ、彼らの生命と財産の安全を保障しようとしてきた理由も、まさにこの点にあった。古代中国や中世ヨーロッパの城が、民衆の避難を、いわば自明の前提としてきた理由も、おそらく同じことであったろう。

確かに、秀吉が、「敵の城に籠城したものは敵だ」といったような状況は、九州の城にもあった。その一例を、肥後天草の本渡《ほんど》城（熊本県天草市）について、ルイス・フロイス㉟が、こう語っていた。二つの段落に分けて検討しよう。

①集落や村の人びとは、全員が籠城する以外に（生き延びる）方法とてなかった。……

②彼女たちは、倒された城壁の入り口から、敵が侵入してくるのを妨げようと、勇猛果敢な戦いを演じ、敵に多大な損害を与え、また多くの戦闘において、その勇気によっ

て、勝利を収めた。濠はその個所で彼女たちが殺した、敵兵で埋まるほどであった。

①は、村びとたちの全員籠城が、じつは戦場でのサバイバル（生命維持）の行動であったことを語って、これまで見てきたように、戦国の城が彼らの避難所であったことを、重ねて証言していた。

しかし、②の情報は、城に避難した女性たちは、城の防衛のために戦闘員として積極的に参加し、大きな役割を果たしていた、と語っていた。おそらくは、女性だけではなく、多くの避難民たちは、自衛のための戦闘員としても、自ら進んで、大きな役割を果たしていたにちがいない。

先に秀吉は、五万人もの避難民を指して「かれらも敵だから、殺してもいいのだが」といい、武蔵の忍城では、いくつもの城門で守備（戦闘配備）についた村びとの姿を、後の「戦記」も伝えていた。攻撃側からみれば、籠城者たちは、本来の戦闘員かどうかを別にして、やはり「敵」軍の勢力でもあったことは確かであろう。

3 ふたたび中世ヨーロッパへ

小さなまとめ

いくつもの避難風景を振り返って、ヨーロッパ中世の城郭、あらゆる共同体レベルが城郭に囲まれていた中国、そして数々の日本の戦国の城の避難城塞としての機能を思い出しながら、一つのまとめとしよう。

その一は、「シュヴァーベン・シュピーゲル」といわれる、十三世紀の西南ドイツで行われた慣習法の一端である。(36)

領主がわれわれを保護するがゆえに、われわれは領主に奉仕すべし。……領主がわれわれを保護せざるならば、われわれは、法に照らして、領主に奉仕せずともよし。

領主と領民の間には、保護と奉仕の、いわば双務関係が成り立っていて、領主が保護責任を怠れば、領民も奉仕の義務を放棄する。それが慣習法であった、という。保護の語に城郭の語を補えば、もはや説明を必要としないであろう。

その二は、自身も南フランスの城主の子孫という、ピエール・スイリー氏（ジュネーブ大学教授）の、城郭に関するエッセーの一部である。[37]

①城壁に囲まれた中庭は、危機が迫ると、近隣どころか、かなり離れた村々からも、避難する人々が集まってきた。

②領主は、人々に命令したり、罰を与えたりする権力をもつ。

③一方で、人々を敵から守る義務を負っていた。

この小さな一文は、三つのことを語っている。①冒頭の一文は、ある避難城塞の一シーンを具体的に描いており、②次の領主の権限についての一文は、ブルクバン＝城主罰令権のことを説明し、③最後の一文は、その権限に対応して、城主は避難民衆に保護義務を負うことを明らかにしている。

その三、次の④・⑤は、冒頭（四三頁）にも引いた、ドイツ中世史家・渡邊昌美氏「攻撃と防禦の構造」からの抜粋である。[38]

④「攻撃と防禦の構造」の章から

ヨーロッパの中世は、城の世界である。城というのが言い過ぎなら、防備の施設が、いたる所に見られたと、言いかえてもよい。……日常不断に危険を意識せずには、生活できなかったという点では、中世のどの時代も本質的には同じである。

⑤同右
中世では……平和は格別のこと、非常のことであった。社会のあらゆる次元で、暴力は常に露出している。……軍事的に編成されていたのは、単に支配階級だけではない。社会全体がそうなので、すべての者が何らかの攻撃に対して、常に身構えていた。中世とは、ある意味では、身構えた社会だと言えるであろう。

ここでは④の「日常不断に危険を意識せずには、生活できなかった」とか、⑤の「中世とは、ある意味では、身構えた社会だ」というメッセージに、ことに注目しよう。一五〇年ほども続いた日本の戦国は、まさしく、「不断に危険を意識」し、「常に身構えた社会」であった。

また、次の⑥は、先に『雑兵たちの戦場』(39)でも引いた、フランスの歴史家ジョルジュ・デュビィの一文である(40)。

⑥従うべき主君は、その砦がすぐ近くにある主君であり、騒乱が通過するときには、住

民全員が逃げこみ、閉じこもることのできる避難所の上で、守備し監視する主君である。

戦争が来ると、城が避難所になる。その光景は、ドイツだけでなく、フランスでも当然のことと認められていたことがよくわかる。戦時の領民の安全をどうするか、それは城と城主に負わされた、もっとも基本的な役割であった。

Ⅱ

隠物《かくしもの》・預物《あずけもの》の世界

七　穴を掘って埋める

1　戦時に家財をどうしたか

身構えた社会の英知

「村に戦争がくる」と知るや、村の代官や長老たちは、身銭をきって敵軍の有力者に頼み込んで、あるいは相手に借金証文を書いてまで、村の安全を約束する保障書（制札・禁制）を買い求めていた。村の安全を金で買う。戦国時代には、そんな危機管理《サバイバル》の習俗もあった。

さらに、ある村が双方の敵軍に挟まれ、睨み合いの場になると、村の年貢は双方から二重取りされてしまう。中世の村びとは、それを「二重成《ふたえなし》」といって、ひどく嫌った。それを避けるために、面白い習俗が生まれていた。

両軍に課役を半分ずつ払って、両属の関係を結ぶ。ただし、村の中に軍事境界線などは設けない。村びとの出入りは自由であった。その習俗を、東日本では「半手《はんて》の村」、西日本では「半納《はんのう》の村」といった。戦争が続くかぎり、戦国の世のいたるところで、こうした両属の村々ができていた。そのこともまた、私は前著(1)ですでに紹介した。

そして、村が戦場になったとき、究極の危機管理が、I(前編)で見たように、城に避難(籠城《ろうじょう》)することであった。家族と、わずかばかりの食糧(俵物《たわらもの》)と共に城に逃げ込んだ。では、城に持ち込めない大切な家財や銭貨はどうしたのか。このII(後編)の主題は、その探索である。

穴を掘って埋める

城に運びきれない内緒の蓄財や、大きな家財、家畜や様々な食糧、大切な証文などは、どうやって保全していたか。そのための、様々な危機管理《サバイバル》の英知にも、しっかりと目を向けてみよう。

私はふと、少年の日の見聞を思い出す。昭和二十年(一九四五)の敗戦後すぐ、日本占領軍であったアメリカの将兵たちが、ジープを駆って「刀狩《かたなが》り」(じつは地方の銘刀探し)に乗り出したときのことである。秘蔵の名刀を手放したくない、地方の多くの旧家が、何振りもの家伝の刀や脇差《わきざ》しを、大急ぎで油紙に包んで、庭や畠に深い穴を掘って埋めた。占領軍が日本を去ってから、その隠し穴を掘ってみると、刀剣はすっかり錆《さび》ついてしまっていた。そんな噂話を、よく耳にした。

じつは中世の村びとも、考えは同じであったらしい。床下などに甕《かめ》を据えて蓄えた大切な家財や銭などは、重くて持ち運びできない。だから、村に戦争が来るというと、貴重なこれらの財産は家の床下や周囲などに深い穴を掘って埋め隠し、身一つで最寄りの城へ逃げこんだ。だが、もし甕の持ち主・隠し主が戦いに紛れて死んでしまったら、あるいは、その場所が敵地になってしまったら、隠した物はどうなるか。

さかのぼって十二世紀末の源平合戦の時、木曾義仲など源氏の軍勢が京都を攻めると、町の人びとは、「資財・雑具」を、「東西、南北へ、運び隠すほどに、ひき失うこと、数を知らず」といわれ、せっかくの隠物《かくしもの》も奪い去られ、また、「穴を掘りて埋めしかば、あるいは打ち破り、あるいは、朽ち損じてぞ失せにける」と、穴を掘って隠しても朽ちさせてしまったりしていた[2]。戦場は掠奪の巷《ちまた》であった。穴を掘って隠すという習俗は、中世の初めから、広く行われていたことがよくわかる。

また文明十年（一四七八）十二月末の京都では、ある公家が、夜中に大火事が家の近くまで広がったので、具足《ぐそく》などを「穴蔵に収納した」と書いていた（『親長卿記』[3]）。物を保管する堅固な穴蔵もふだんから常備されていた様子がうかがわれる。

十六世紀末、戦国のまっただ中、比企《ひき》郡きっての古刹・慈光寺（埼玉県ときがわ町）が、松山城主の上田朝直の軍勢に急襲されたとき、寺僧たちは寺の宝物を土中の穴に埋めて、遠くの山に避難したという。[4] 戦後、この寺は無事に再興されたから、穴に埋めた宝物は、おそらく寺僧たちによって掘り出されたにちがいない。しかし、もし寺地が敵地になっていたら、穴の中の宝物は、だれにも知られずに埋もれたまま朽ちてしまったかもしれない。

宣教師フロイスは、こう記している。臼杵城下（大分県臼杵市）の人びとは、島津軍襲来の報を聞くと、「貧しい村びとたちは、米・衣類・台所用品など、わずかな物を地中に埋め」、子どもだけを抱いて城内に逃げ込んだ。[5] 緊急時に大切なものを穴を掘って埋めるというのは、ほとんど習俗となっていた形跡である。

戦場で穴を探せ

一方では、その隠し穴狙いのノウハウを、江戸前期の成立とみられる『雑兵物語《ぞうひょう》』[6] が、生々しく語っている。

戦場に行ったら、住民の家財を奪おう。そのためには、彼らの家財の埋め方・隠し方を、よく心得ておくべきだ。そして、それらを手際よく見つけ出し、掘り出して、ごっそり頂戴しよう。ベテランの雑兵たちの目線が鋭く、独特の関東地方の方言も面白い。原文を①〜③に分けて、引いてみよう。

①家内《いえのうち》には、米や着類を埋《うめ》るもんだ。

②そとに埋る時は、鍋や釜におっこんで、上に土をかけべいぞ。
③その土の上に、霜の降《ふっ》た朝みれば、物を埋た所は、必《かならず》、霜が消《きえ》るものだ。それも日数がたてば、見えないもんだと云《いう》、能々《よくよく》、心を付《つけ》て、掘り出せ。

戦場の村や町で掠奪を狙う側にも、身についた乱取《らんど》り（隠し物狙い）のノウハウがあったらしい。老いた雑兵の昔語り、といった趣である。以上の①〜③をまとめ直してみよう。

①米や着物は、家の中（床下・縁の下など）に穴を掘って埋めてあるのが普通だ（だから、必ず床下や縁の下をよく探せ）。
②家の外には、鍋・釜などに詰め込んで、穴を掘って埋めることも多い。埋めた後は、上から土をかけて、穴を覆い隠す。道具類などの家具の緊急避難であった。
③（その穴の見付けかたにもコツがある）。霜が降りた朝など、土を見てみると、急いで穴を掘って埋め、その上から新しい土を掛けた跡は必ず霜が消えている（掘ったばかりの土は凍っていないから）。だが、埋めてから日数が経てば、覆いの土も凍ってしまうから、見付けるのは難しい。よくよく気をつけて探せ。

この「霜の降った朝」というのが面白い。戦争にも季節があって、霜の降りる頃の戦場というのは、農閑期の晩秋から冬にかけてのことで、その季節に、よく戦いが行われていたらしい。だから、霜の降《お》りた朝の土の色の見極めは、戦場での掠奪狙いの雑兵たちにとって、身につけておくべき大切なノウハウであった。こうやって村の雑兵たちは、掠奪のプロとしての技を身につけていった。

考古学の穴探し

この「隠し穴」をめぐって、近年の考古学界の動きは、面白くて目が離せない。考古学界では、こうした穴を「地下式坑《ちかしきこう》」と呼んでいる。その意味をめぐって、近年だけでも大きな研究集会が二度も開かれ、『中世の地下室』(7)という専門書も刊行された。それほど考古学の穴探しは注目されているらしい。

この本によれば、「地下式坑とは、竪坑《たてあな》によって地上と連絡させた、素掘《すほ》りの地下室のこと」である。二〇〇七年当時の集計によれば、その概数は、全国で一〇〇〇地点余り、およそ五五〇〇基が知られている。そのうち約三〇〇〇基ほどが千葉県に集中している、という。それらの地下式坑は、十四世紀半ばに現れ、十五世紀に一般化する。

これだけ膨大な数の穴が、応仁の乱（一四六七年）にはじまる「戦争の時代」、つまり「戦国」と呼ばれた時代に造られた固有の産物であった。私が「面白い」といったのは、このことである。

この本の編著者・簗瀬裕一氏は、かつて、房総の下総《しもうさ》台地上に出現した地下式坑を伴った屋敷のうち、山中などに孤立した屋敷が、十五世紀半ばに城郭化した可能性もあることを指摘して、平地と台地上との集落の成立・変化の過程は異なることを論じた考古学者である。これを私は、戦国の集落移動説と呼んで、注目した(8)。

それに呼応するかのように、清野利明氏が、「地下式坑」は緊急避難的に家財を隠す「隠し穴」(トランクルーム)であり、または有事に隠れる「隠れ穴」(シェルター)でもあったという、魅力いっぱいの新説を出してきた。これについて簗瀬氏は、序文の余白にこう「追記」していた。

脱稿後、地下式坑に関する清野利明氏の左記論文に接した。……本書では、ほとんど取り上げられていない興味深い視点であり、これもご参照いただきたい。

『中世の地下室』は、墓穴説か貯蔵穴説かという二項対立で書かれていて、戦争の中で、村や町の人びとが家財や家族の身をどうやって守ったかという、生活者への視線がやや欠けていた、という考古学者の自己告白でもあった。

その後、私は、簗瀬氏、知友の馬淵和雄氏、井上哲朗氏、湯浅治久氏たちを誘って、千葉県流山市の発掘現場を訪ねた。北澤滋氏・柴田氏をはじめとする作業をしている方々の歓待が身に沁みた。

大小の穴は、南北三キロメートルほどの台地の縁辺に、およそ四三〇基ほどが分布していた。小さいものは芋穴ほど、大きなものは四畳半ほどの広さのある、深い方形の竪坑であった。私の目には、明らかに戦時の緊急避難場所の跡というようにしか見えなかった。しかし、大方の考古学者は慎重であった。

ところで、伝統ある『武蔵野』誌は、すでに昭和二年（一九二七）に、地元で「隠れ穴」と伝承された縦に掘られた穴の特集をしている。[9] これらの穴の入り口は、井戸のように地下に縦に降り、その下には横に広がる一、二の土室が造ってあるという。これを観察した鳥居龍蔵（一八七〇〜一九五三。考古学・人類学者）は、「戦国時代の穴ではないか」と示唆した、と記されている。[10]

2　銭を埋めて隠す

戦争のさなかで

一方、隠した側からの情報もある。

天正十八年（一五九〇）三月、秀吉襲来の報が鎌倉に伝わると、関東日蓮宗の両山（池上・比企谷《ひきがやつ》系の総本山の一つであった、鎌倉の比企谷妙本寺の日惺《にっせい》（一一世の貫首）は、有力な信者であった武将たちの勧めで小田原城に避難することになった。

そのとき、寺の什物《じゅうもつ》のうち、法衣・日蓮遺文・常用の聖教《しょうぎょう》など、とくに大切なものは、土中に埋める、というわけにもいかないので、竹若の土蔵（鎌倉の土倉か）へ移し、仏具の敷物や経文などは、ほかの荷物と一緒に避難した小田原城に預けた、という[11]。

つまり、「村に戦争が来る」という切迫した事態になると、私財の保全のためには、

①町の土蔵（土倉）に預ける。
②土を掘って穴に埋める。
③城に避難する。
④どこか他所へ分散して隠す。

こうした戦時下を生き抜く生活者の多彩な智恵が、縦横に駆使されていた。②の穴を掘って隠す、というのは、中世ではいちばん手近で普通の方法であったらしい。現代でも、大量の銅銭の入った、中世の陶製の大甕や米櫃《こめびつ》状の木箱などが、工事現場などから偶然に掘り出されて、話題になることもある。その土地に長いこと埋められ、忘れられていた出土品は、古い昔の歴史を語る貴重な証言である。

銭甕の語るもの

いくつか私の見た銭甕《ぜにがめ》の例をあげよう。

①昭和五十一年（一九七六）九月の敬老の日の出来事であったという。新潟県加茂市の岡ノ町で珍事が起きた。町内のSさん宅で、トイレの浄化槽を埋め込むため、業者が七〇センチほど掘り進んだとき、スコップの先から大きな黒灰色の甕が出てきた。

甕の口はすでに壊れ、泥にまみれて、そこには多くの古銭（銅銭）があふれていた。それをそっと引き上げると、十三世紀頃の能登の珠洲《すず》焼とみられる甕であった（加茂市民俗資料館で復原・展示されている。高さは四二・五センチ、口径二一センチ、胴径三七センチ、底径一一・五センチ）。銅の古銭はおよそ一万三〇〇〇枚（一三貫文余り、重さ四四・五キログラム）あり、錆び付いてはいたが、中には銭の穴に麻紐《あさひも》を通したものもあった。

このように紐でつながれた銭は「緡銭《さしぜに》」とも呼ばれた。出土例からみると、列島の南北では一サシ一〇〇枚＝一〇〇文の基準通りの例が多いが、それ以外の地では、一サシ九七枚が多い。さらに五〇〇文ずつを二つ合わせて、一貫（一〇〇〇文）文を束にした例もあるという[12]。

さて、この銭甕発見の噂はたちまち町内に広がり、ご近所はもとより警察や考古マニアたちまで四〇人ほどが駆けつけて、大騒ぎになった。それより二十年ほど前にも、同じ岡ノ町一帯から、やはり古銭の入った壺が見つかっていた。『加茂郷土誌』三〇号[13]に、銭の出た家の当主の筆による「土中から埋蔵銭の出現」というエッセイが載っていた。

銭甕の現場へ

私は、さっそく『加茂郷土誌』の代表を務める関正平氏の案内で、現地の情報を求めて、加茂市の民俗資料館を訪ねた。古銭はどれもが、おそらく十二世紀から十四世紀の初めまで、ほぼ中世前期を通じて、中国から輸入された銅銭で、銭に刻まれている中国の年代、古くは紀元前一一八年（前漢武帝の五銖銭《ごしゅせん》）から、最も新しいものは至大通宝《しだいつうほう》（元の時代、出土は一枚）で、その至大通宝の初鋳は一三一〇年のことだという。中国から日本のどこかに入った銭が、ここ越後の加茂の地まで流通してきたのは、初鋳の年次よりずっと後のはずで、南北朝の内乱の頃だったらしい。

その内乱では、加茂の一帯も戦場になったから、銭甕はその頃に戦火を避けて、岡ノ町の丘の一隅に埋められたのではないか。これは地元の歴史家・関正平氏の示唆である。この町は、もう十四世紀初めの頃から、こうした小さな蓄財（一三貫文余り）をもつ人びとの多く住む、それなりに栄えた町であったのではないか。

銭甕の運命のナゾ解きの手がかりを、関氏はこう語る。加茂の内乱といえば、文和四年（一三五五）四月二日、青海庄《おうみのしょう》加茂口の陣ヶ峰《じんがみね》（加茂市陣ヶ峰）の地で、北朝方の三浦和田氏らの軍と南朝方の河内《かわち》氏らの軍とがぶつかって、散々の合戦が行われ、北朝方が敵を追い落としたという（文和四年四月二十九日付「三浦和田義成軍忠状(14)」）。

この地は、南北朝時代の戦争の「戦火の十字路」となっていたのだ。その「十字路」の地に、十四世紀半ばには、すでに「陣ヶ峰」という地名が付いていた。

問題の古銭が出土したのは、その戦場から一・五キロメートルほど南に寄った高台の一角であった。そこは、平地（加茂駅前）より七メートルほど高まった、陣ヶ峰の戦火を見渡せる丘の縁辺近くであった。この台地の住民は、この戦火を見るや、銭甕を埋めて、どこかへ避難したのであろうか。それとも、もっと前から、ひそかに現地へ埋めて置いたのか。あるいは考古学でいう埋納銭であったか。

もっと大きな銭甕

②次は、私の住む鎌倉での話である。大字《おおあざ》山ノ内字金宝山《きんぼうざん》（北鎌倉駅の近く）に臨済宗の浄智寺（鎌倉五山の一つ）がある。昭和四十六年（一九七一）十一月、その山門手前の平場から、防火貯水槽の設置工事中に常滑《とこなめ》焼の大甕と大量の古銭が発見された。工事は中止され、鎌倉市文化財保護課による緊急調査が行われた。

大甕は土圧のためか、肩の部分が割れていた。古銭は紐を通して繋がれ、一分の隙間もなく、ぎっしり詰め込まれていた。その一連（サシ）が何枚であったかは、まだ精査されていないという。

古銭の総重量は約六七九キロで、総枚数は一八万六七四三枚（一枚＝一文として約一八七貫文）と推計された。ただし、発見時の騒ぎに駆けつけた人びとによってひそかに持ち去られた銭も少なくなかった。[15] 銭の中には戦国の関東でとくに珍重された永楽通宝《えいらくつうほう》（明、一四〇八年に初鋳）も数多く含まれていた。[16]

銭甕は明るい橙《だいだい》がかった茶褐色をしていて、口径は約五八センチ、尖った肩部径は約九八センチ、底径は約三〇センチ、高さは約八九センチ、鎌倉市内で発掘された中では最大級の大きさであった。

その埋められていた位置からみると、信仰のために埋納されたというよりも、寺が秘かに「意外な場所」に埋蔵していたのが、住職の代が替わって（もと禅宗は血縁の世襲制ではなく、住職が転勤してよく替わるのが常であった）、いつしか忘れられたのではないか、という。[17]

③もう一件は、東京都府中市にある古社・大国魂《おおくにたま》神社（武蔵国の惣社《そうじゃ》）の参道から三〇メートルほど西側（宮西町）から出土した、大きな二つの銭甕である。銭の総数はおよそ一五万枚（一五〇貫文余り）。甕はこれも常滑の大甕で、浄智寺の甕の規模には及ばないが、そのうちの一つは口径約四七センチ、最大径約六七センチ、高さ約五九センチと計測されている。[18]

なお、深澤靖幸氏によれば、さらに参道東側二〇メートルの所には六万枚ほどの銭の出土伝承があり、参道の北北西五〇〇メートルには四万枚ほどの、西側にも四〇〇〇枚ほどの、さらに社殿から八〇〇メートルほど離れた辺りにも二万枚の出土例が、近世の記録に見えている、という。近くに栄えた多くの商家の蓄財であったか。

木箱に入った銭

④これも私の郷里・新潟県の湯沢町石白《いしじろ》でのことである。二つの木箱に入った銭、合わせて約二八万枚余りという多量な出土例である。この辺りは、戦国期には泉福寺という臨済宗の古刹のあった地である。昭和四十六年（一九七一）以来、二回にわたって、崖下の段から、工事中に掘り出された。米櫃《こめびつ》状の杉材の木箱は朽ちかけていて、蓋もなく、銭は錆びついて塊状になっていた。だから銭の枚数は概数であるが、重さは合わせて、じつに一トン余りに上ったという。

二つの箱は造りもちがい、銭の状態も、一方はバラで、一方はサシ（苧麻《ちょま》の縄紐でつながれた）の状態であったから、埋めた時期も人物もちがうとみられた。杉板には焼け焦げや漆塗りなどの防腐処置がみられたが、長期保存できる程の措置ではなかった。出土地の近くに、もとは石白石という巨石があったから、それを目印に埋めたのかも知れない、とみられた。

この一帯は、永正六年（一五〇九）七月、関東管領の上杉顕定《あきさだ》が侵攻して、この寺は本陣とされ、戦場にもなった。翌年には同寺八世の天真慧照《てんしんえしょう》も没しているから、二つの銭箱は危機に備えて埋められたまま、忘れられてしまったのであろうか、という。

あるいはその七十年後の天正六年（一五七八）、上杉謙信が急逝したあと、御館《おたて》の乱（北条家出身の三郎景虎と地元出身の喜平次景勝による跡目争い）の戦いが広がり、越後全土が戦場になったから、その時に寺も無主になった可能性もある、ともいう。(19)

埋められた銭甕の二つの説

こうして、各地で偶然に掘りだされた銭甕は、かなりの数に上る。銭を土の中に埋める（隠す）という習俗は、中世をずっとさかのぼる様子である。

すでに建武二年（一三三五）に、若狭《わかさ》の太良庄《たらのしょう》では、近くの小浜（福井県小浜市）の借上《かしあげ》（高利貸し）の石見《いわみ》房《ぼう》が、銭二五貫文を掘り出していた。(20) 埋められた時期は、もっと古いであろう。

出土銭の意味をめぐって、十年余り前から、中世の古銭（銅銭）研究者たちは、「出土銭貨研究会」をつくって、熱心に論戦を交わしている。説は大きく「埋納銭説」（信仰のため）と「埋蔵銭説」（隠すため）に分かれている。二〇〇九年に、『日本の美術』(21)は「出土銭貨」を特集し、研究はいっそう深まっているが、結論は出ていない。

埋納銭か埋蔵銭か

出土銭についての二つの説のうち、主に文献系の人は、戦火や盗難を避けるために、穴を掘って秘蔵した埋蔵銭や備蓄銭だった、と推測している。たとえば、古銭の研究に詳しい鈴木公雄氏は、「備蓄銭の大部分は宗教的というよりも、経済的目的によって埋蔵された」と考え、「戦乱や一揆が頻発し、治安維持の能力が政治権力の側で不足していた中世のことだから、社会の各階層の人々にとって、自己の財産を守ることは重要だった」「このため、ごく少数の人だけが知っている場所に銭貨を隠しておいたのだろう」という見方をしている。(22)

同じ埋蔵説の峰岸純夫氏は、銭を埋めて隠す話を中世の文献から集めて、以下①〜⑤のように紹介して、自説を固めている。(23)

①後醍醐天皇が足利尊氏の野伏《のぶし》らに攻められて六波羅《ろくはら》から没落するとき、六波羅探題《たんだい》の使用人（雑色《ぞうしき》）が、私の命を助けてくれれば「六波羅殿が銭をかくして六千貫埋めた所を知っている」、それを差し上げようといって、野伏をだます話が、『太平記』巻六に載っている。幕府の役所などでも、銭を埋め隠していることが、広く知られていた。だから、あっさり野伏はだまされたのだろう。

②龍山という旅の僧が伏見庄《ふしみのしょう》（京都市伏見区）の千手堂《せんじゅどう》で講話していたところへ、盗賊が入り、放火した。その狙いは、大般若経《だいはんにゃ》を書き写す費用として、勧進《かんじん》（募金）で集められた銭三万枚（三〇貫文）であった。その銭が、この堂の床下に埋められていることを知っていて、襲ったのだという（『看聞御記』応永二十八年〈一四二一〉二月十七日条）。床下に銭貨を埋蔵する習俗も広がっていた。

③奈良のある屋敷の跡の井戸の中に銭二七三貫文が隠されていた。そのことを知っている者がいて、興福寺に知らせたため、すぐに掘り上げられ、子院の修造料に寄付されたという（『蓮成院記録』増補続史料大成四二）。井戸に隠すという手もあった。

④同じ奈良の小家の跡地から銭甕が発掘され、発見者、地主、それに関係者二人が四分の一ずつ分け合った（『北野社家日記』永正三年〈一五〇六〉）。これをみると、無主の地にあった銭は遺失物とみなして、関係者が分け取る、という慣習法があったらしい。そこには、埋蔵銭を掘ってはいけないという、禁忌《タブー》は感じられない。

⑤二〇〇六年四月に、福井市大安禅寺の裏山から越前焼きの大甕（口径五八センチ、高さ六七センチ）に入った約一一万五〇〇〇枚もの大量の銅銭が出土した。甕の中には明応九年（一五〇〇）七月の年紀や諸仏の名を梵字で記し、花押も据えた木札が見つかった。寺に寄進された銭が祠堂銭《しどうせん》（本来は死者の冥福のための供養費だが、これをもとに金貸しを営んでいた）として埋蔵されたらしいという（伝田谷寺跡出土銭『日本の美

術[24]』)。

以上の例から峰岸氏は、銭貨を土中に埋蔵する行為は広く見られるが、それを後人が掘り出すことのタブーは認められず、遺失物扱いで処理される例であった、と結論している。

埋納銭説の焦点

一方、考古学の橋口定志氏らは、骨壺や経筒《きょうづつ》などと同じように、信仰上の理由で、神仏に献げるため土中に埋めた埋納《まいのう》銭・地鎮《じちん》銭ではないか、と主張している。このほか、両説どちらもありえたのではないかとして、広く容認しようという説もある。鈴木公雄氏によれば、内容を検討できる十分な記録が伴っている備蓄銭（橋口氏説にいう埋納銭）は、いま全国で一三五例（総出土件数の一一パーセント）ある。その総枚数は二五二万枚余りに上り、うち一カ所から一〇万枚以上というのは八例ある。ことに十六世紀初頭が四四例（三三パーセント）、十六世紀（戦国期）全般では六四例（四七パーセント）と異常に多い、という[25]。

この事実は重要である。つまり、検証された埋蔵銭の出土件数のほぼ半数ほどが、戦国期（戦争の時代）に集中していることになる。やはり、戦乱の激化と銭を隠す習俗の広まりとの間には、深い関係があったのではないか。人びとは戦争を避けようとして、必死の思いで銭を埋め隠していたのではないか。

さらに鈴木説はいう。十六世紀になると、全国的に永楽通宝の量が大きく増加し、戦国の世には永楽通宝がもっとも貴重で備蓄に値する、とされていたことを示す、と。埋納銭説は、十六世紀に土地への呪術や信仰が、にわかに高まったのだ、と証明できるだろうか。

もっとも大きな規模で銭貨が出土し、考古学による調査もされたのは、北海道函館市にある中世領主の志苔館《しのりだて》跡周辺地域からの出土例である。その枚数は、じつに三七万四〇〇〇枚を超えるという。出土銭の総額はおよそ三七四〇貫文余りだったことになる。

それらが出土した場所は、数カ所に及ぶが、どれもみな、領主館からはかなり遠く離れた、いわば境界領域の一帯であった。この事実から、考古学者たちはこう結論した。つまり、これら大量の銭は、自分たちの領域の重要な境界を、神仏に守護してもらうための「境界の呪術」として、領主によって、境界の山野に埋葬されたのだ、と。

橋口氏は「『埋納銭』の呪力」[26]で、こう書いている。

> 低台地上を含む山中から一括埋納銭が発見される事例は少なくない。そして、発掘調査によって、周囲に関連遺構が存在しないということも判明している。これは一括埋納銭の性格を考えるうえで重要な所見であり、少なくとも、単純に「備蓄」といった範疇でとらえられる環境でないことは明らかであろう。

……明確な根拠をもたないまま、出土量が少ない場合は祭祀的な性格をもち、多い場合は「備蓄」銭であるといった議論は成り立たないことを、以上の事例が示している……。

この引用で明らかなように、「周囲に関連遺構が存在しない」から、境界の呪術だという。だが、戦いの世に広がっていた「戦場の隠物」の習俗である可能性は、この説の念頭にはない。

四〇〇〇貫文近い巨額の銭を、果たして本当に「境界の呪術」のために、境界の山野に埋め、遺棄してしまったのだろうか。そのような境界の信仰が、中世にはあったと、立証できるだろうか。

呪術というなら、たとえば銭六枚でも良かったのではないか。中世以降に盛んになる「六道銭《ろくどうせん》」の例もある。(27) 地鎮銭の出土例も古代からあり、(28) 建物を建てるとき、皿の上に少し銭を載せて、地鎮の祀りを行った。だが、その銭の枚数はごく少なく、紙銭の例まであるという。(29)

橋口氏のご教示によれば、境界のような場所（領域の境、山境の峠など）から多くの銭が出土している例は、信濃（長野）の野麦峠など、ほかにいくつもある。それらの出土例こそが、「境界の呪術説」「神聖な場説」「地鎮説」の証明だ、と。

いま仮に、中世には境界に莫大な銭を埋納する、という習俗が広がっていて、世の常識だった、としよう。そんな周知の場所に、銭などを埋めたりすれば、押し寄せた手強い敵方の雑兵たちに、たちまち見破られてしまうのではないか。中世には「濫妨人《らんぼうにん》」と呼ばれたプロの掠奪人たちは、真っ先にその領境を狙って殺到し、一帯を掘りまくったにちがいない。境界領域は、まさに巨額な銭貨の宝庫だったことになるからだ。

無秩序な掠奪空間であった戦場で、ことに貴重な財宝を安全に守り抜くには、他所者《よそもの》が(地元の人びとでさえ)誰も知らないような、村の中心部や社寺や館からは遠く離れた山野に隠すしか、手立てはなかったのではないか。戦場での隠し場所は、「誰が見ても意外な場所」でなければ、掠奪のプロの目から、貴重な隠物を守りきることは、まず不可能であったろう。墓地なども、掠奪のプロでさえ、祟りを怖れて近づかない「意外な場所」だったにちがいない。

また、香川県さぬき市の長福寺境内から出た銭九〇〇〇枚には「九貫文　花厳坊・賢秀御房　文明十二年(一四八〇)三月十九日　敬白」と明記した木簡が添えられていた。埋納銭説によれば、この二人が何かの供養のために長福寺に納めたもので、「敬白」の語が信仰の証しだという。

だが、この例も「預物《あずけもの》」や「隠物《かくしもの》」の中に、自分の名前を書いた札を入れて置く、という習俗と同じではないか(後述)。この寺へ供養や祈禱のために納めた九〇〇〇枚もの銭が、なぜ地中に埋まったままだったのか。「敬白」は「仏さま、どうか私たちの大切な財産を護って下さい」とも読めるのではないか。

橋口氏は、こうもいう。（一括埋納銭は）新たな土地の開発など、一定の土地の占有を伴う行為などに際して、その土地の地主神《じぬししん》との契約行為として、実行されたのではないか。地鎮の儀式は神との契約行為でもあった。中世は信仰の世界であったからだ、と。

いまの私は、橋口説に納得できかねている。人目につきにくい村境の山や野に、あるいは村から遠い峠の山地に、貴重な銭をこっそり埋め隠した。戦争が去ってから、その峠道を辿れば、埋めた銭貨を迷わずに取り戻しに行けた。しかし、その場所が敵に占領されて戻れなくなってしまったときには、埋め隠した銭甕は、そのまま誰にも知られず放置され、何百年も眠り続けて、現代の開発や発掘によって、再発見された。

だから、戦争の時代の危機管理《サバイバル》に惹かれる私は、先にみた鈴木埋蔵銭説に共感する。「意外な場所に隠す」。それは、戦争に身構えて生きた人びとに共通する英知であった。その「意外な場所」の立地が、結果として共通していた。そこは茫漠とした境界であったり、村はずれの峠であったりすることも多かった。

両説の中間に

ところで、考古学者の小野正敏氏は、埋められた場所によって備蓄もあり埋納もあったと、一方だけへの断定を慎重に避けたい、という立場を取っている。小野氏が、銭を埋める話・銭を掘る話・備蓄銭で命乞いする話は、もう戦国の世に広く行われた当たり前の、ありそうな話だ、と指摘していたのが、印象的である[30]。

また、日本経済史の櫻木晋一氏も、備蓄か埋納かの二項対立に距離を置いて、遺失・呪術・蓄蔵・廃棄などを含めて、「一括出土銭」（英語ではhoard 貯蔵―埋蔵貨）と呼び、広く慎重に検討することを提唱している[31]。

なお同氏は、個別例にも言及している。

①中世都市博多（福岡県）から出土した銭貨一万六〇四枚のうち、呪術的な機能をもつと推定される銭貨は、わずか三六枚であるという。銭貨の年代は十五世紀後半に向かって増加するから、貿易や戦乱が関係している、と見られている。あたかも応仁・文明の乱（戦国時代の始まる一四六七～七七年）の時期である。また、十四世紀前半・十六世紀後半にも、小さなピークが認められるという。

②戦国大名大友氏の本拠であった、豊後府内《ぶんごふない》（大分市）の出土銭貨の年代も、十六世紀中頃から後半に向かって、増加しているという。

櫻木氏は論断してはいないが、戦乱の影響にも言及されている。これら①②の時期は、それぞれ南北朝動乱期・戦国動乱期に当たっているのを、見逃すわけにはいかないだろう。

現状から見ると、埋蔵銭・埋納銭両説が共にありえた可能性もあるが、これからの研究の深まりを期待しよう。私は隠物説である。

紙切れに化けた銭貨——手形の世界

ところで中世の銭は、貨幣だけではなかった。

銭一〇〇枚でたった一〇〇文、一〇〇〇枚でやっと一貫文である。そんな重い銭貨を、取引のときに持ち歩いていたのだろうか。しかし、あの加茂の例(一七〇〜一七二頁)では、銭貨の重さは四四キロを超えていた。それほど重く、しかも貴重な銭貨を持ち歩いていたはずはない。賊に襲われる危険も、当然あったはずだ。伊藤正義氏によれば、そうした研究はすでにある、という。

「当百」とか「省百銭」というような小銭の束は別として、多額の銭は、みな紙切れの証券(手形・為替《かわせ》)として流通していた。

商人たちは、多額の銭は自分(と大番頭一人くらい)しか知らない、家廻りから遠く離れた、意外な場所に、こっそり埋めて隠しておいた。

中世の流通経済に詳しい桜井英治氏は、信用貨幣と呼ばれる手形類について、こう説いている。

なぜ、手形が有価証券として、しかも竪切紙《たてきりがみ》(荷札のような縦長の小さな紙片)の形で、遠くまで流通しえたのか。この問いかけは、紙幣の発生に至る壮大な序曲になりそうだ、ともいう。その紙幣の前史に位置していたのが「割符《さいふ》」であった。一枚の割符で一〇貫文（銭一〇貫文に相当する）という定額の例がことに多く、かなり高額の手形であった。ただ、それは十六世紀の初めになると、消滅する。

十六世紀には、たとえば遠い地方からお伊勢参りをするとき、その地元には伊勢参りを世話する、伊勢の契約代理店（御師《おし》の代官。寺や商人）がいた。そこで、「為替手形」を振り出してもらい、それを持って伊勢へ行く。伊勢に着くと、案内人（伊勢御師《いせのおし》）の宿へその手形を持ち込んで、銭（現金）に替えてもらい、滞在費や帰りの旅費に充てる、という仕組みが広く行われていたという。

地元では、代理店が、参詣人の家を廻っては、振り出した手形分を（利息をつけて？）回収していたのだという。地元から伊勢までの旅の間、銭はまったく動いていなかった。手形が銭の代わりを果たしていたのであった。

この例に注目した桜井氏は、お伊勢参りのこの仕組みを、じつに原始的な為替手形だった、と評している。

3　穴を掘って身を隠す

隠れ穴の発見

二〇〇九年の初春、中世の「隠れ穴」という伝承をもとに、実際に人びとが隠れた穴とみられる「地下式坑」の遺構を突き止めたという、未知の人の驚きの論文が、私の元に送られてきた（清野利明「日野市程久保発見の『義経の隠れ穴』残影――『地下式坑』の機能を予察する」）[32]。戦国時代に身を隠したり、物を隠したらしい穴の跡が、東京都日野市やその周辺の山野や川縁にたくさんある、というのであった。

これより先、私は東京都府中市の銭甕出土地一帯を、同市博物館の深澤靖幸氏のていねいな案内で歩いてみたことがあった。深澤氏はこう説明した。

これまで、地下式坑は墓の跡という見方が多かった。武蔵府中では、大国魂神社の参道に沿った町場一帯で、地下から数多くの穴が見つかっている。しかし人骨は出てきていない。だから、これらすべてを墓穴とみるのはむずかしい。むしろ府中の町場の流通とも関わった、商品や家財の貯蔵庫だった、とみる余地も十分にあるのではないか、と慎重に視野を広げようとしていた[33]。

ところが新しい清野説は、もう一歩先を見据えていた。これまで私は「穴を掘って物を隠す」という「隠穴《かくしあな》」の習俗（文献）探しばかりに熱中して、「穴を掘って身を隠す」「隠れ穴」の習俗（遺構）の存在など、想像したこともなかった。

清野論文の骨子は、以下の①〜⑫である。これらから、様々に想像力を刺激される。

①「義経の隠れ穴」と伝承される日野市内の地下式坑は、谷間の下程久保《しもほどくぼ》の集落を見下ろす谷戸《やと》の入り口に近い北向きの緩斜面にあった。そこには、三メートル近い竪穴が二つあって、その下に大きな部屋が二つと、小さな部屋が一つある[34]、と紹介されている。

②日野市百草《もぐさ》にあるトックリ塚（仁王塚遺跡）は、二つの穴を掘っていくと、三メートル以上の深さの地下に三室の地下式坑がある。主室四×二メートル以上、二つの副室も三×二メートルほどの大きさである。主室の側壁には、ローソクなど明かりを置いたらしい掘り込みがあって、その上の部分は煤《すす》けていた。この穴の下にも、さらに竪坑があって、地下二階の構造とみられたという。生活の痕跡にちがいない。

③その周辺を眺めると、地表面に一〇以上も凹みが認められ、地下式坑のあったことを想像させた。どれもみな、谷戸の奥の丘陵の北斜面にあり、眼下に百草の集落を見下ろせる位置にある。

④日野台地の東側には、竪坑と直結するように、屋根形の天井をもつ、四×三メートルの、大きな主室がある地下坑がある。これは谷《やつ》という集落を見下ろせる位置にある。
⑤日野台地の縁辺に古くから大きな穴があり、これまでも陥没することがあった、と言い伝えられている。
⑥多摩市貝取の穴については、江戸時代の滝沢馬琴編の『兎園《とえん》小説』(35)に、戦国までさかのぼりそうな、興味深い記事がある。

文政六年(一八二三)、貝取村の農民が裏山に薪を取りに入ったところ、片足を穴に取られた。不思議に思って掘ってみると、二メートルほどの深さに大きな穴を見付けた。穴は三・六メートル四方あり、その横にも小さな部屋があった。穴の周囲には溝が切られ、雨水を流す樋とみられた。

樋は、もともと緑色片岩の石核で造られた幅二〇～三〇センチほどの板碑《いたび》四〇～五〇基を利用したもので、長さは五～七メートルほどの規模であった。板碑の紀年銘は、弘安元年(一二七八)から文明九年(一四七七)にわたり、刻まれた文字等には金箔《きんぱく》が施されていた。

⑦以上のような、主に山の北側の緩斜面に営まれた大型の穴のほかにも、多摩川右岸

（日野市一帯）の低い沖積段丘面にある栄町・四ッ谷・姥久保の三つの遺跡では、一〇〇基以上の小型の地下式坑が集中して見つかっている。穴の天井が崩れ落ちた凹みの土の中から、板碑・刀子《とうす》・鉄製品、常滑《とこなめ》・瀬戸産の陶磁器・カワラケ・臼など、総じて十五〜十六世紀代の遺物が出土している。

⑧東京都府中市の六所宮や、その一帯の町場では、二〇〇基もの地下式坑が知られている。地元の深澤靖幸氏は、これを、通説のような墓壙《はかあな》説では説明できない、としている。(36) 隠れ穴説は清野氏だけの独断ではないらしい。清野氏は、この穴についても「隠れ穴」とみている。ただし深澤氏はこれには、まだ慎重である。

⑨立川市の普済寺調査で発見された地下坑の用途について、黒尾和久氏は、建物群との関係から、「中世後期の生活の場に付随した、地下室・穴蔵」と理解して、戦時の隠物の習俗を想定していることに、清野氏は注目している。(37)

⑩多摩川と浅川に挟まれた沖積台地の上にある、普済寺にも近い南広間地遺跡（西）にも地下式坑があった。その主室の平面はダルマ形で、上には円形の竪坑（入り口）がついていて、中の主室は小さめで二〜三メートル、中世陶器や墨書のあるカワラケが出土している、という。明らかに中世の隠し穴であった。

⑪⑥の貝取村の隣村、乞田《こつた》村にも「隠穴《かくれあな》」の伝承があった。文政六年（一八二三）に、この村に住む五左衛門が村の山際の雑木林に入って、薪を伐採していたところ、ふと

その山が崩れて、危うく穴に落ちるところであった。そこに大きな洞穴が現れた。翌日、近隣の村人三人で、その洞穴を見に出かけた。中を見ると、穴の入り口は西向き、二間四方で、その先には幅一間に深さ二間ほどの空間があり、さらにその先にも二間四方の穴があり、すべて四面を削ってあった。年号を刻んだ石碑（板碑）が入り口から敷き詰めてあり、古いものは正慶（一三三二～三四年）の年号が読め、法名も刻んであった。石碑は六〇基ほどあったが、枯れ骨などは見つからなかった、という（『武蔵名勝図会』多摩郡之部巻六）。

⑫また、多摩郡長房村にも、村の西方、白山御林《おばやし》山の松林の中に、入り口は四～五尺と狭いが、中は広く、八、九尺ほどの穴があった。村びとはこれを「人の隠れたる穴なり」と伝えているという（同右・巻八）。

隠穴群をどうみるか

清野氏は、およそ以上の①～⑫のような踏査と伝承をもとに、あくまでも「予察」（予備的な考察）、つまり一つの仮説だが、と慎重に断りながら、興味のつきない結論を引き出している。

先の②トックリ塚の通称で知られる仁王塚遺跡の大型の地下式坑には、村単位で家財道具を、その穴に収納できたのではないか、と推測している。また、竪穴の入り口の直径は

大型地下式坑のイメージ　作画：芝田英行氏　清野利明氏提供

一メートル内外だから、板切れで塞いで、その上に草をのせておけば、外から出入り口は分からなくなるから、家財道具を隠す穴（トランクルーム）だけではなく、人が隠れる穴（シェルター）としても、使い勝手がよかっただろう、と述べている。トランクルーム・シェルターは、清野氏の巧みな説明用語である。

さらに、このシェルターの様子を、具体的に想像復元されている（上図）。

眼下に集落を見下ろせる斜面の雑木林のなかに造られた竪坑には、穴の底に届くハシゴがかかり、出入り口には排水用の暗渠《あんきょ》として板碑を敷き込み、穴の上には出入り口を隠す覆いがあった。

主室は長方形で、天井はややアーチ形、主室の両側には副室を設け、食糧や資財などを収納した。桶に入った水・薪・鍋・釜や武器もあっただろう。穴の奥の天井部には、空気抜きの細い穴も穿《うが》たれていた。主室には九人ほどは収容できただろう、という。(38)

また、山間とは立地条件もちがう、近辺の沖積地の段丘面にも、副室をもたない、もっと小型の地下式坑群が一〇〇基以上も検出されている。これらは、人の隠れ穴ではなく、緊急避難の目的で、家財などだけを収納する「隠し穴」としての機能を想定できるのではないか、という。

なお清野氏は、全国的にみると、地下式坑の分布は、関東・中国・九州地方で四五パーセントを占め、近畿では三〇パーセントであるから、戦いの頻発した地域に集中する傾向があり、構築・使用されたのは十五世紀後半〜十六世紀前半であったろう、と説いている。もし、この清野説が広く検証されれば、戦国の村びとたちは、こうして自力で、あるいは共同で自分たちの避難所や隠し穴を、あらかじめ近くの山野に数多く造り上げていたことになる。

そして、この清野説が正しければ、戦国の村びとが、戦争にどう身構えていたかが、もっと豊かに明らかになる。

その期待を込めて、日野に住む知友の峰岸純夫・立枝夫妻とともに、清野氏の案内でフィールドの一部を歩いた。穴はみな埋め戻されていて、地下の構造までは分からなかった。しかし、集落の北側に当たる裏山の中腹の小さな平場に、その遺構はあり、周囲にも、地下坑の存在を思わせる大きな窪地が点在していた。

この清野説は、まことに興味深い意見である。戦国の村社会の危機管理ぶりを探る貴重な手がかりとなる仮説であり、また問題提起であった。大小の穴の機能のちがい、造られた年代の遺物による確定などは、これからの課題である。考古学の領域をはじめ、先の馬琴の記事や、古泉弘氏の穴蔵説[39]との対比など、中世や近世の文献や遺構についても、これからのさらなる検討に大きな期待が寄せられる。

なお、清野氏は、中世の文献から、十五世紀後半から、東日本の戦国期に広く知られる「洞《うつろ》」の語にも注目して、こう問題を提起している。この語の分布範囲や出現の時期は、地下式坑の分布域や年代と重なり合い、洞の原義は、地下式坑=洞の集団的な構築や管理のはじまりに由来するものではないか、と。十七世紀になると、洞も地下式坑もともに登場しなくなるのも傍証になる、と指摘している。これも論争を呼びそうである。

各地で発見が続く多数の戦国の穴は、果たして墳墓の跡か、隠れ穴・隠し穴か。いま、どちらかに決める手だてはないが、楽しみな考古学の世界がここにも広がっている[40]。

集中する地下式坑のナゾ

先に私が歩いた武蔵府中では、本町の府中街道沿いに、ほぼ二〇〇個ほどの土坑が集中しているという。それらの地下式坑のなかからは、十五〜十六世紀頃の貿易陶磁や常滑の陶器などが出土して、多くの土坑が中世の町場に造られていたことを示唆しているという。[41]これらは隠し穴であったろう。また、先に紹介した千葉県南部の下総《しもうさ》台地では、約三〇〇〇基以上もの地下式坑が発見されている。[42]

この集中した土坑は、何のために造られたか、その目的については、現在、葬送説（墓穴説）と倉庫説（隠穴説）とが対立している。

私の関心を引いたのは、先に紹介した簗瀬裕一氏の説である。穴からは人骨の出土例が少ないから、すべてを葬送説で見るのは無理がある。むしろ、屋敷（掘立柱建物跡＝掘込型屋敷）との位置関係から考えると、屋敷に付属した施設だった可能性が高い、という。

この簗瀬説をさらに進めて、北澤滋氏は、目立たない小さな出入り口から、地下室を造っているから、葬送説は無理である。むしろ、十五世紀後半頃から争乱が続いていること、その近辺に大規模な地下式坑群が集中しているのをみると、以下のように考えるべきだろうと、大胆な仮説を出している。

戦国を通じて戦乱の続いた下総台地では、村びとたちは常に生活への不安にさいなまれていたから、自分たちの家財道具や食糧を隠すために、共同して、こうした施設を家の近くに掘っていたのではないか、と。ただ、この仮説には、まだ裏付けが示されていない。村びとの共同とか、大規模な穴の用途など、魅力にあふれているだけに、今後の検証に期待したい。

八　隠物・預物の習俗

1　戦時を生きる智恵

乱が行く

さて、ここまでは埋蔵された銭甕や隠物《かくしもの》をした穴蔵について、見てきた。それでは、そのほかの多くの家財や家畜、大切な財産や貸金の証文、来年の種籾《たねもみ》などは、戦火の世に、どうやって安全をはかったか。それらを保全する、「危機管理《サバイバル》の習俗」も、中世には、もっと豊かに育っていたのではないか。そのことを証明する史料の検証に、私も参加しよう。

第三章で見た（五三〜五八頁）荘園では、戦争が来ると、俵物《たわらもの》（食糧）ばかりか、牛や馬まで連れて、領主の館や大寺などに避難していた。持ち込まれた物は、「隠物」とか「預物《あずけもの》」などと呼ばれていた。城への避難ともちがう、もう一つの危機管理の習俗が、ここにも広がっていた。その痕跡を、もう少し詳しく、文献の側から追ってみよう。

まず一例をあげよう。戦国の覇者となった織田信長が、京の「本能寺の変」で、明智光秀にあっけなく殺されたのは、天正十年（一五八二）六月初めであった。だれも予期しなかった、大きな激動が始まった。

信長の本拠であった琵琶湖東岸の崖の上にそびえていた安土《あづち》城も、明智方の軍に急襲されて、焼き払われた後、全近江（滋賀県全域）が戦場になるか、という厳しい緊張のさなかの十一月末のことである。

信長の安土城の領域であった、湖東に面した安治《あわじ》村（滋賀県野洲《やす》市安治）の「惣中《そうちゅう》」では、こんな不思議な申し合わせ（「掟目《おきめ》」）が交わされていた[1]。文章は短いが、少し難しい村《むら》掟《おきて》である。原文のまま、段落ごとに①〜④の番号をつけて、読み解いてみよう。

一、①らんとゆき候共《そうろうとも》、②里中《さとじゅう》・浦《うら》等々、何方《いずかた》に、③道具とも、おき候とも、④少も取り申間敷《もうすまじき》事、

まず、冒頭の①「らんとゆき候共」が難解である。

中世史料の集成として評価の高い『中世政治社会思想』[2]下でも、この村掟が採用されている。だが、この①は「頭注」でも「意味未詳」とされている。そのナゾ解きが、第一の

関門である。

まず、戦国・織豊期に使われていた用語と用例を、数多く収めた『邦訳日葡《にっぽ》辞書』(3)で「ラン（乱）」の項を引いてみた。すると、そこには「ランガイク（乱が行く）」という、①とよく似た用例があり、「戦乱が起こっている」という意味だという。いろいろ調べていくと、1～5のような用例が見つかった。（　）内には、私の読みを添えておこう。

1　たとえ乱等・飢渇《けかち》・水損《すいそん》行き候とも、（もし戦乱・飢饉・水害が起きても）

2　去年までは、大乱行き、（去年までは大乱が起きていて）

3　五百年も、乱行かざる国なり、（五百年も戦乱のなかった国である）

4　らんなどの行く、（戦乱が起きている）

5　らんの行くごとく、（まるで戦争になったように）

どれもが①の「らんとゆき」とそっくりではないか。「乱が行く」というのは、戦争になる・争乱が起きるという意味の、いかにも戦国の世らしい慣用句であったことになる。「乱が行く」というところを、「らんといく」としたのは、「乱となる」などと同じことで、少し改まった用法であったのかもしれない。

なお、「ゆき」には「徳政行き（徳政が行われた）」「火事行き（火事になった）」「失墜《しっつい》行き（被害をうけた）」というように、「何か異変が起きる」という意味もあり、これも中世ではよく使われていた気配である。

本能寺の変の直後に起きた安土城の炎上・崩壊という、戦乱の激動をまともに受けた安治村では、変から半年も経った後にも、まだ、「村に戦争が来る」「いつ戦乱が起きても」と、厳しく身構えていたことになる。

次は②の「里中・浦等々、何方に」である。「里中」は、かつて、この安治の集落を歩いたときに、私が目にした明治六年（一八七三）の「安治村絵図」では、村の中心部を「里の内」と書いていた。だから、里中は「自分たちの村の内」を指す言葉にちがいない。だとすると、「浦等」は琵琶湖東岸に連なるよその村々、という意味にちがいない。だから②は、「自村でも他村であっても、どこでも」という意味になる。

さらに③の「道具とも、おき候とも」は、元亀二年（一五七一）、大和《やまと》（奈良県）の平場《ひらば》（国中《くになか》）にある若槻荘《わかつきのしょう》の庄屋が、ひそかに集団で村を捨てる逃散《ちょうさん》を企てたとき、山間にある「東山内《ひがしさんない》へ道具をかくし」（同じ大和の山間の村に家財を隠した）といっているのと、おそらく同じことで、[4]「道具ともおき」というのは、「家財道具一般を隠す」ことを指すのであろう。逃散のとき、よそに「道具を隠す」という習俗については、すでに勝俣鎮夫氏も注目している。[5] この「道具隠し」（家財道具をどう守ったか）の追跡が、この章の主題になる。

最後の④「少しも取ってはならぬ」には、もう説明はいらないであろう。村に戦争が来る・村ぐるみ逃散する。そういう非常事態が迫ると、村びとは村の内外のどこかに、それぞれ家財道具などを隠そうとする。すると、他方では、そのドサクサに紛れて、他人の隠物を盗み取ろうと企てる者もいた。それに対する村びとたちへの禁止令である。

安土炎上という、切迫した戦乱の巷にあった安治村は、そうした危機を迎え、この「掟目」（村掟）を定めて、なんとか村の秩序と財産を共同して守ろう、としたのであった。

こんど一乱のみぎり

こうした家財保全の動きは、じつは小さな安治の村を超えていた。安治村の「掟目」からさらに一カ月余り後の、翌天正十一年（一五八三）正月のことである。明智方に襲われて炎上してしまった信長の拠点、八幡《はちまん》城下の町場（滋賀県近江八幡市）も激動にさらされ、同じような趣旨の「定《さだめ》」が出されていた。[6]「乱が行く」の直後、戦場となった城下町で、いったい何が起きていたか。

その「定」を、段落ごとに⑤〜⑩の通し番号をつけて、読み下してみよう。

⑤こんど一乱《いちらん》のみぎり、⑥方々の預物・質物などのこと、⑦その主の家、放火においては、是非に及ぶべからず、

⑧ただし、あい残る家、申しごとこれあるにおいては、⑨奉行《ぶぎよう》にあい断わり、糺明をとげ、⑩証人しだい、それにしたがうべきものなり、

つまり、⑤今度の戦乱の中で、⑥あちこちへ、預けた預物や質物《しちもつ》について、⑦もし預け先が「放火」つまり戦火で焼けてしまった場合は、預かり物や質物などの返却は、すべて免責とする。⑧ただし、預け先が戦火に焼け残って、返却をめぐってもめた場合は、⑨奉行人を通じて、「あい残る家」つまり家の焼け跡の実情をよく調べ、⑩証人＝地元の第三者の証言に従って、公平に処理することにしよう、と。

八幡の城の炎上の後、城下一帯は「一乱」(戦場)の状態になっていた。その渦中で、町の人びとが家財を守ろうと、預物や質物を郊外のあちこちへ、必死に預けていた。「預物」は町の人びとが預けた家財や食糧など、様々な貴重品で、「質物」は金貸したちが、人びとから借金のカタに預かった質草であろうか。あるいは、金貸しのもつ土蔵の安全性に期待して、(現代の銀行の貸金庫やトランクルームのように)保護預かりとしたものが、質物と呼ばれたのかもしれない。

ところが、戦争が終わり、それらの預物や質物を返してもらう段になって、トラブルが続出した。確かに預かったが、戦火で焼けてしまった。いや、そんなはずはないと、もめごとがあい次ぎ、裁判沙汰にまでなっていた。全焼なら仕方ないが、半焼けのときはどう

判断するか。一部の焼け残りはどうするか。難問が山積みであった。そこで、その裁きの目安として、この「定」が出された。

⑦「放火（戦火）にあった場合は、是非もない（泣き寝入りだ）」という。この項などは、現行法の一般の損害保険について、「戦火・地震・核事故を原因とする災害には、保険金の支払いが免責される」という法規と、じつによく似ていて、面白い。

⑧の「あい残る家」、つまり預かった側の家に戦火の焼け残りがあると、それがトラブルのタネになっていた。それを解決するのに、⑨領主側の「奉行」も乗り出すが、⑩最終的には、現地の第三者を「証人」に立て、公平な調べを求めて、被害の実情を冷静に調査させ、公平に穏当に納得ずくで解決させよう、というのであったろう。

権力の一存では、とても決められない。だから、それぞれ現地で「証人」を立てて、民間の智恵に頼って、できれば主体的に解決させよう。もめごとの当事者たちも「証人」たちの言い分なら、納得するだろう、と。

私はかつて、こうした村や町の証言の習俗を、戦国民衆の間に育っていた自力救済の力量の証拠とみて、「近郷証言（人）制」などと呼んで、注目したことがあった(7)。それほど「村のもめごとに現地の証人を立てる」ことは、広く行われた習俗であった。

安治村の①「らんとゆき候共」は、八幡の⑤「こんど一乱のみぎり」とそっくりだし、安治の③「何方に道具ともおき」は、八幡の⑥「方々の預物・質物」と同じことである。

田舎の安治村でも、町場の八幡城下でも、戦火が迫ると、人びとはみな、掘った穴に埋められないような家財や食糧や貴重品などを、よそに預物をして、懸命に守り抜こうとしていた。

この習俗は、二十世紀半ばのアジア太平洋戦争下に、日本中の都会で広く起きていた、「疎開《そかい》」（空襲などのなさそうな、安全な田舎に退避する）とよく似ている。

「紛失状」という英知

時代をさかのぼってみよう。十五世紀も末の明応三年（一四九四）に、出火で京都の下京《しもぎょう》（二条以南）が焼けると、そこに住む、ある「酒屋」（質屋を兼ねた高利貸し、保護預かりもした）の亭主は、質物の預け主に宛てて、今度の類焼で焼失してしまった「御支証物《ごししょうもつ》」（地頭職《じとうしき》など各種の土地の権利書類）の明細メモだけを添えて、こういった。(8)

私の土蔵《どぞう》へ火入り候《そうら》いて、雑物《ぞうもつ》など、ことごとく焼失候条、あづかり申す御支証物、紛失し候、土蔵へ火入るなどの事、これまた、その隠れなきの由、御意《ぎょい》を得べく候、

つまり、私の土蔵（倉）が焼けてしまって、たくさんの預かり物が、みな焼けてしまいました。お届けしたメモの通り、お預かりした大事な証文類も、みな行方知れずです。肝

心の土蔵が全焼してしまったからです。この被災の事実は、だれもがよく知っている、周知のことです。どうかご了承ください、というのであった。明細メモは預かり物の紛失状（証言）であった。

この「酒屋」＝土倉の詫び証が出されたのは、あの八幡城下の「定」よりも九十年ほど前の、戦国も初期のことである。だが、八幡城下でみた、被災による焼失物の免責申請とそっくりである。この詫び証文の趣旨からみると、広く中世の社会では、大切な証文などを、ふだんは手元に置かず、安心できる「土蔵」などへ預けておく、という習俗が広がっていた。その様子が、いっそう明らかになる。その研究史も豊かである(9)。

また焼失してしまった物件については、預かり主が免責となることも、安土の場合と同じであった。戦火や類焼による被災物は免責、というのが、おそらく中世を貫く社会の通念（習俗）であった。その通念が、この詫び証文の背景に潜んでいた。

さらにさかのぼって紀伊の柏原村《かせばら》（和歌山県橋本市柏原）では、戦国の世が始まった時期の寛正四年（一四六三）、乱入した「物取り」（盗賊）によって、村の鎮守へひそかに隠しておいた証文や数々の宝物を、奪い取られてしまった。すると村は、この被害に対抗して、「柏原村氏人《うじびと》各々」の名で、奪われた権利証文などの無効を公に宣告する「紛失状」を発行する、という手続きをとった(10)。「氏人」というのは、村の鎮守の氏子のことであろう。

つまり、これ以後、もし奪われた権利証文を楯に、何かを要求する者が現れても、その請求はすべて無効とする、という宣告書を、氏人たちは共同で、広く世間に表明したのであった。おそらく「紛失状」による宣告というのも、後に予想される不当な請求を排除する、預物・隠物の習俗（作法）の重要な一環（救済措置）であった。

なお、ここでも、地域の神社や寺院が、俵物など貴重品の隠し場所となっていた。そのことは、先に鎌倉の鶴岡八幡宮や、播磨の鵤荘《いかるがのしょう》の大寺（斑鳩寺《はんきゅうじ》）などの例でも、くわしく見てきた通りである（四九頁～五八頁）。中世の人びとは「聖なる空間」に大切な物を隠した、といわれている。だが、現実は、そこは周知の（誰でも知っている）隠し場所だからこそ、信心などのないよその盗賊や雑兵たちに簡単に狙われ、すっかり奪い取られていた。だから氏子たちは、もめごとが起きる前に、紛失状を出すなど、事後の対応に追われていた。

さらにさかのぼって、紀伊の鞆淵《ともぶち》荘（和歌山県紀の川市粉河町）では、観応《かんのう》の擾乱《じょうらん》（足利尊氏・直義《ただよし》兄弟の抗戦）の直後の観応三年（一三五二）、戦火に見舞われ、大切な土地などの権利証文類も紛失・炎上して、

カ（借）リタル人、ヲ（負）イタル人、分明《ぶんめい》ナラズ、

という、貸し借りの関係も分からないほど、混乱した状態になった。

すると村では、すぐさま「庄官・百姓、一同の置文《おきぶみ》」という、村の一同が連名した申し合わせ状（村定め）を書いて、今度の戦争で紛失してしまった証文の無効を、自発的に宣告していた。

この置文（書置き）によって、「奪われた証文は死んだ」とみなされた。これも、先の「紛失状」の系譜に連なっていく措置である。戦争の世を生きぬく英知が、この時期、すでにみごとに生まれていた。

しかも、この村の動きに連動して、鞆淵荘の領主側もまた、この荘の「百姓の申請《もうしこい》」に応じて、

もし彼の（盗まれた）古文書（権利書）らを（持ち）出して、（自分が）知行《ちぎよう》（支配）すべきと申す仁（新たに土地の支配権を主張する者が）あるとも、さらに庄家《しようけ》（荘園領主としても）叙用《じよよう》（承認）すべからず。

といって、この荘園の権利証文の無効を、重ねて公に宣言していた。(11)この証文の伝来からみると、この荘園の鎮守であった鞆淵八幡宮が隠物の場であり、「一同」の結集の場（共同の集会所）にもなっていた様子である。ここでも「聖なるお宮」への預物が狙われてい

た。

村と領主の双方がそろって、二重に、自分たちの失われた土地の権利書の悪用を防ごうと、必死であった。それほど物件から証文まで、とくに社寺（村の公《おおやけ》の場）の隠物・預物は、戦火の中でもよく狙われ、奪われていた。それが現実であり、そこから「紛失状」というサバイバル（危機管理・生命維持・生き残り）の智恵が広く中世の社会に生まれていた。

それから五年後の正平十二年（一三五七）にも、この鞆淵荘では、村人が、現地の代官のやり口に抗議して、激しく闘いを挑み、「鞆淵トウラム（動乱）」といわれる騒ぎ（土一《つちいっ》揆《き》状況）になった。

村人たちは、この「動乱」のとき、自分たちの大切な田畠の権利書を守ろうと、必死に隠物をした。だが、その結果は惨憺たるものとなった。そこで、村人二〇人は、一枚の横長の板（三三・二×一三五・二センチ）に、その混乱に対処する善後措置を村の「置文」として公開し、こう宣言した（原文のまま）。


トウラム（動乱）ノ時、田畠ノ文書ヲ、アルイハ山野ニカクシテ、アメツユ（雨露）ニヌラシ、アルイハ、ヒキ失イ、フルヤ（古屋）ニ取ヲトシテ、焼失候コト、其ノカス（数）ヲ知ラズ、カヤウノ（このような）時、他所エモ取ラレ（他所へ奪われて）、「文書アリ（権利書がある）」トカウ（号）セム人ニヲキテハ、置文ノ旨ニマカセテ、コレヲ用フ

ベカラズ、

その大意は、こうである。

動乱のさなか、大事な田畠の権利書を、こっそり山野に隠した。ところが、雨露に濡れてダメになってしまったり、紛失してしまったり、古屋に隠して、戦火に焼けてしまったり、散々のありさまとなった。その上、それらの証文を盗み取った者が、突然、村に現れて、その証書を手に、田畠の引き渡しを強要する。そのようなことになっても、それをきっぱりと拒絶し、以後、持ち出された権利証類は、すべて無効にしよう。

村に戦争が来たとき、大事な権利書類を、村はどうしたか。不測の事態にどう立ち向かったか。その一致した行動の断面がじつに生々しい。どうやら、戦争に備えた隠物・預物のありようは、かなり奥が深いようである。

もうすこし探索を進めてみよう。

戦時下の奈良の隠物

いつか、きっと村（町）に戦争が来る。村々はいつも身構えて、共同で隠物をし、また身を守ろうとしていた。

これは、その一例である。

大和（奈良）の興福寺塔頭《たっちゅう》の多聞院英俊は、膨大な日記『多聞院日記』を後世に遺した。彼の好奇心の強さと筆まめぶりは、すでに小田原城落城の報告で見た（一二〇頁）。英俊が、こんな事件①・②を書き留めていた。天文十一年（一五四二）三月十七～十九日のことであった。

①奈良、田舎、諸方へ隠物、上へ下へ返しおわんぬ、誠に子を逆に負うと申すは、この時節也、

②新二郎方より、預物、数多《あまた》来たりおわんぬ、奈良中ことごとくもって、逃散《ちょうさん》しおわんぬ、昨日、山城衆《やましろしゅう》、奈良へ打ち入ると云々、

①この三月、奈良の町では、田舎のあちこちへ「隠物」（家財の避難）をしようと、上を下への大騒ぎとなり、まるで幼児を逆さに背負うような、狂乱のときを迎えていた。

②その騒ぎの渦中に、新二郎方から多聞院へ、数多くの「預物」が送られてきていた（総計六九個）。すでに奈良中の人びとが危機を感じて、こぞって町から逃散してしまっていた。それは、昨日、山城（京都府）から兵隊が奈良に討ち入りをかけたからだ、というのであった。

このとき、大和で何が起きていたのか。詳細な年表⑿で、この頃の出来事を少し調べてみた。すると、室町幕府の権力争いが激化して、その余波がもろに大和へ波及していた様子である。

すなわち、この年の三月十日、河内《かわち》（大阪府）の高屋城将であった畠山政国を、兄の種長《たねなが》が攻めると、政国は大和へ亡命して、豪族の木沢《きざわ》長政に頼った。さらに、それに追い打ちをかけるように、将軍足利義晴までが乗り出して、政国の討伐を命令したから、いまや奈良は、その争乱の主戦場になろうとしていた。その情報が奈良中を駆け巡ると、危機の中にも人びとは、すばやく①②のような避難行動を起こしていた。その行動の焦点にあったのが、①の「隠物」であり、②の「預物」であった。ただし、町の人びとがどこへ逃げ散ったのか、日記は何も語っていない。

2 預物が結ぶネットワーク

和泉の村に戦争が来るとき

これは、もっと早く、文亀元年（一五〇一）のことであった。

六月のある夜、和泉《いずみ》国日根荘《ひねのしょう》（大阪府泉佐野市）山奥の入山田《いりやまだ》四カ村（土丸《つちまる》・大木・菖《しょう》蒲《ぶ》・舟淵《ふなぶち》）のうち、谷の入口に当たる土丸の集落へ、近くの平場にある熊取《くまとり》村の人びとが、大慌てでやってきた。彼らはこういった。今夜、入山田の谷へ、守護（和泉国を支配する細川氏）方の軍勢の夜襲があるとの、もっぱらの噂だ。だから、この四月に自分たちが逃散を企てたとき、土丸の村に預けておいた「雑具共（様ざまな品物）」を返してもらいたい。そういって、預けておいた道具すべてを持ち帰っていった。だが、預かり賃を支払った形跡はない。谷間の村々は、よその村の「雑具共」を無料で預かっていたのであろうか。この預かり賃の有無は、また後で、くわしく検討しよう。

　守護勢夜襲の急報を聞いた入山田四カ村でも、大急ぎで対策に動き、備えを固めた[13]。この熊取村のように、村ぐるみで逃散して、村を空けるとき、村ぐるみで家財などを近くの安全な村へ預けるという習俗があったことは、勝俣鎮夫氏[14]が、早くに明らかにしている。村が逃散すると、無人となって棄てられた家などは「壊《こぼ》ち取るべし」という掠奪にさらされた[15]。熊取の村は、逃散を止めて村へ帰っても、谷間の村に家財道具などを預けっ放しにしておいたらしい。

　さらに、同じ年の九月（秋の収穫の季節）のある夜、またも熊取村からの急報で、また守護細川方が入山田攻めの動員令を出した、という。「村に戦争が来る」という情報は、近隣の村々の間を、じつに素早く飛び交っていた。「うわさ千里」ともいわれる村々の間のコミュニケーション・ネットワークの緊密さ、素早さ、広さにも注目しよう。それもまた、戦争を生き抜くため（サバイバル）の、村々の智恵であった。

その飛報を聞いた土丸村では、早朝から、村をあげて「私財」を退避しようと、ありったけの家財を積んだ牛や馬が、谷間の狭い道を行き交うという大騒ぎであった。どこに隠したかは明らかではないが、この村の谷間の地形からみると、山の奥に隠したにちがいない。これについても、後でまた考えてみよう。

非常時に資材を他所に隠すのは、「道具ことごとくもって退《の》く」「荷物退ける」など、「ノケル」とも呼ばれた(16)。「退避する」という意味であろう。

さらに土丸の村びとたちは「鹿狩りだ」といって、谷間の四カ村の「群兵《ぐんびょう》」（武装した村びとたち）が「山に昇り」待機する、という態勢をとった(17)。おそらく家財は奥山に隠して、村びとたちも山に籠もった。熊取の人びとが逃散して村を空けるとき、あらかじめ家財を近くの山間の村に預けたのとそっくりの行動である。いつも鹿狩りの拠点としていた村の奥の山は、じつは「村の城」でもあったにちがいない。

安全保障費を借金する

さらに翌年九月にも、稲の収穫の季節をねらったかのように、今度は守護と敵対する根《ね》来寺《ごろじ》（和歌山県岩出市根来）の足軽《あしがる》（雑兵）たちが山を下りて、日根荘周辺を襲い廻って、次は入山田の谷間の入り口にある槌丸《つちまる》（土丸）の村にも、陣取りを企てているらしい、という飛報が入った。

谷の四カ村では、ただちに、村々を取り仕切る番頭（村の長老）たちが、全員で「評談」し、山越えして根来寺に直行した。そして、寺に村々の安全保障を求めると、寺は二〇〇〇疋《びき》（一疋＝一〇～二五文）余りもの大金を要求した。

困り果てた村の長老たちは、根来寺の首脳部に頼みこんで借金し、借用証文を書いて、その証文を「賄賂」として寺の執行部に納め、荘内の安全を保障する「制札《せいさつ》」二枚を、ようやく書いてもらった。こうして、かろうじて、村が寺の雑兵たちに襲われることを免れ、村が戦場になる危機を切り抜けたのであった。

この「敵から制札を買う」という対抗策（安全保障策）は、中世を通じて広く行われた戦時習俗であった。敵方に銭を払って、「村の平和」を保障する制札を買い取り、敵に味方することを誓う。そして、敵方の掠奪などの暴行がないよう、村の武力で自衛する。これも戦国に広く行きわたった生命維持《サバイバル》の習俗であった。根来寺は丸もうけであった。

領主の提案

しかし、この制札を買うため莫大な借金をした、その返済が谷間の村々にとって頭の痛い問題になった。谷間の大木村に住む荘園の領主（九条政基）も、しぶしぶ五〇〇疋（総額の二五パーセント）程を、自分も分担するといったが、残り七五パーセントの補塡がむずかしい。

そのとき、苦し紛れに領主が、こういった。

この入山田の四カ村に、ふだんから「財物・牛馬など」を保護預かりしてもらっている村々が、たくさんあるではないか。六斎市《ろくさいいち》（月に六回の市）も立つ、この地方の中心集落の佐野をはじめ、井原・上郷《かみのごう》・熊取・新花《にいはな》・木島など、近郷の村々にも、それぞれの「預物」の規模に応じて、応分の保護料を負担（制札銭のカンパ）してもらったらどうか。もし、この村々が戦場になれば、その預物も戦火や掠奪ですべてを失ってしまうところを、われらの奔走によって助かり、家財・牛馬なども、みな被災を免れたのだから、と。

この谷間の入山田四カ村は、谷の外に広がる平場の村々からみれば、よほど安心できる家財や家畜（牛馬）の避難所であったらしい。いくつもの村々に頼りにされ、たくさんの「預物」を引き取り、保全してやっていた。里の村々と山の村々との間に緊密に結ばれた預物の習俗（谷の四カ村で平場の六カ村を包む、保護預かりのネットワーク）の大きな広がりがよくわかる。これもまた、戦国の危機管理（サバイバル）の習俗であった。

村々のネットワーク

ふだんの緊密なネットワークというのは、たとえば、こうである。

①井原村と上郷は、もとは入山田村四カ村と同じ、日根荘の村だったという、古くからの因縁があった。

②熊取村・上郷と入山田四カ村とは、「クミノ郷」という、組としての連帯を強めていた。

③さらに、谷間の土丸と菖蒲をつなぐ長大な木製の用水樋が、大洪水でずっと下流の長《なが》滝荘《たきのしょう》まで流されたとき、その引き揚げのために、同じ日根荘の日根野《ひねの》村東・西の村びとのほか、上郷三カ村や長滝一荘の村びとまでもが、四〇〇人余りも出て、酒の振る舞いまでして、助けてくれていた。

④一方、入山田の人びとは、いつも佐野の二・七の市（六斎市）に行って「市立《いちだ》て」していた。

⑤もし、市場で村びとが守護方の雑兵たちに「乱取り」されたとすると、佐野の長老たちも出て、こっそり庇護を加えてくれていた。

平場と谷間の村々の交流の、①～⑤のようなネットワークは、私の想像をこえるほど広く、かつ緊密であった。

預かり物は村の名誉

それだけに、預物で頼りにされた谷の村々を代表する番頭(長老)たちにも、周辺の村々を庇護してやっているという、誇りと名誉(面子《メンツ》)があった。だから、長老たちは、領主のこの提案に強く反対して、こう主張した。

われらの安全保障の努力は、いまや「名誉」なこととして、和泉国中にまで聞こえているほどだ。それなのに、これら六カ村から、保護料を取り立てるなどすれば、われらの「名誉」を汚す「不当の沙汰」(もっての外)だ、といわれるだろう、と。

この長老たちのことばを聞くと、どうやら谷間の村々は、ふだんから預かり物の保護料は取っていなかったらしい。だが、「名誉」を言い張った長老たちも、さすがに借金(安全保障費)の大きさに耐えかねてか、結局は六つの村々からも、こっそりカンパをもらっていたようだ[18]。

「村の名誉」ということばが面白い。山間の村々は里の村々との間に、村と村との契約として、無料で道具預かりをするのが、日常の習俗となっていたのであろう。山と里の村々の交流は、「預物」を仲立ちとして、それほどに深いものであった。村の長老たちが口にした「名誉」ということばが、緊密な交流のネットワークの中での彼らの自尊心の強さをよく表していて、深い共感を呼ぶ。

勝俣鎮夫氏は早くにこの習俗に着目して、「クミノ郷の契約」と「あらかじめ他領の農民に家財を預ける契約」とは、重なり合って結ばれていた、と指摘していた[19]。

なお、預物と隠物は、しばしば同じ意味で使われているが、「乱世にて、道具の隠し所これなし」(『多聞院日記』永禄十二年〈一五六九〉正月三日条)というように、「隠物」はとくに戦乱など非常時の緊急避難をいい、ふだんから他所にものを預けておくのが「預物」で、隠物とは微妙なちがいがあったらしい。

預かり料は決まっていたのか

預かった村が預かり料を取るのは、「村の名誉」を汚す行為だ、と入山田の長老(村の番頭)たちは断言していた。たくさんの村々から多くの預かり物をしても、預かり料を取らないのが建て前であったらしい。これは入山田だけの習俗だったのだろうか。

そのことを確かめるために、多くの預物のやりとりを詳細に書き留めていた、先の『多聞院日記』[20]をのぞいてみよう。

日記の主、多聞院英俊は「預かった道具の重みで坊の床が抜けそうだ」と日記に書くほど、じつに多くの預物を引き受けていた。ところが、預物のやり取りが利益になり、営業として成り立っていたという確かな証拠はここでも意外に乏しい。あらかじめ預かり手数料(倉敷料《くらしきりょう》)を決めていた、という気配もない。ただ預けた側の自発的な「懇志《こんし》」だけを当てにしていたのであろうか。

その「懇志」らしい記事があるのは、全部でわずか六件①~⑥である。以下に読み下し、検討してみよう。

①こんど道具を預け給わるにつき、一瓶・両種、送り給わり……、(永禄十年六月二十六日)

②道具取りに来る……大根二十八給わり……、(同十一年十一月六日)

③旧冬預かる米、二石五斗の内、一石五斗、渡すべきの由……則ち渡す、…木綿一反給わり……、(元亀二年二月二日)

④山崎屋礼に来たり……道具預かるについて也、鈴一対・赤飯・瓜《うり》ツケ、持たれ……、(同年八月二十七日)

⑤上坊、道具ことごとく取り……餅五十来たり……、(天正二年二月二十六日)

⑥北法印、昨夕、佐和山より帰宅につき、預け道具ことごとく以て渡す、帰りとる手に、ミノ紙十、椎茸一連・尺子《しゃくし》(杓子)一、給わり……懇切の儀也、(文禄二年四月二十六日)

①〜⑥をみる限りでは、預かり主(多聞院)へは、預けるときか、引き取るときかに、様々な礼物が贈られている。ただ、その内訳は、①酒肴、②大根、③木綿、④鈴・赤飯・瓜漬け、⑤餅、⑥美濃紙・椎茸・尺子など、雑多な品々ばかりで、通貨に相当する米や銭

の例は一つもない。だが、謝礼として、そこそこの収入になったのであろうか。

一方、「腹巻屋へ、クラ敷ニ、五斗これを遣わす」（天正七年七月十二日）とあるように、多聞院から土倉（腹巻屋）への「倉敷料（預かり保管料）」の支払いには、きちんと米（あるいは銭）が充てられ、前払いされている。土倉は明らかに営業として預かり料を取っていた。

だが、多聞院の場合は、相手まかせの礼物をもらうだけだった。しかも、もらった礼物のことを「給わる」「送り給わる」「懇切の儀」などと記している。お布施として、思いがけない贈り物をもらって喜んでいる、というふうである。

志の施物

預物の謝礼は戦国の世では「志《こころざし》の施物《ほどこしもの》」ともいわれ、預物の礼を出しても受け取らないような「有得《うとく》（徳）」の人こそが、「物を預けて違《たが》わぬ人」だ、といわれていた(21)。預かり料をどうするかは、もっぱら預けた側の志（裁量）に委ねられていたのではないか。「礼銭を出しても受け取らない」。そんな習俗が預物の核心にあったにちがいない。

先の入山田の村々で、預け主側から銭を取れば、預かった側の「名誉」に傷がつく、と長老たちが気張っていた背景には、預かるのはあくまでも好意であり、営業としての利得を当てにしてはいなかった、という中世の預物の習俗があったのではないか。

先にみた十六世紀初めの播磨（兵庫県）鵤荘《いかるがのしょう》（五三頁）でも、荘内の避難民のためにかかった制札銭（安全保障費）を調達するのに、領主側（政所）と村々の長老たちが相談して、互いの了解をもとに、隠物のうち俵物（米穀）だけを対象に石別八〇文を取り立て、その後は、この方式が先例となっていった。だがそれは、これ以前にさかのぼるものではなかった。

土倉が保護預かりに対価（米や銭）を公然と要求していたのと対照的である。村や寺の預物・隠物と、土倉との間には、いったい何が、どうちがっていたのか。戦国を生き抜いた人びとのサバイバル・システム（生命維持装置）には驚かされるが、ナゾもまた深まるばかりである。

村の惣堂や鎮守に預ける

ところで、よその村の資産を保護預かりした山間の村々は、それらをどこに保管していたのか。先に見たように、穴を掘って隠した（一六七〜一八二頁）、というような形跡は、第七章で少し見たが、まだ文献でははっきりつかめない。

関東の小田原北条氏は、地元の畑宿に大名の商売特許状（印判状）を下付したとき、「御判形・御印判状を社頭に保管せよ、小家に置いてはならぬ」と指示していた（弘治二年〈一五五六〉三月十九日、石巻家貞判物写[22]）。大切なものは民家には置かず、神社（畑宿の鎮守駒形社）[23]に納めておけ、というのであった。

このほか、こんな証言が、前にも触れた紀伊の柏原村（二〇三頁）にある。この村では、寛正四年（一四六三）七月、畠山・山名の戦争が起きたとき、「取りあえず、本証文・斗米・公事銭《くじせん》・そのほか数多の宝物は、権現の社に隠し置いた」という記録がある。[24]

村に戦争が来ると、大切な証文や米や銭、それに多くの宝物は、とりあえず村の鎮守（柏原証誠《しようじよう》権現）に隠した。だが、そこも安全な隠し場所、というわけではなかった。

この神社は、十四世紀半ばの動乱のさなかに、鎮守の隠物を「物取り」に奪い取られたことがあった。村の社寺などのように決まりきった（誰でも知っている）隠し場所は、プロの物取りたち（濫妨《らんぼう》人たち＝掠奪集団）には、格好のターゲットでもあった。「宅を焼き、資財・雑具・牛馬など、ことごとく濫妨」という、雑兵たちの徹底した掠奪にさらされるのが、戦場の常であった。[25]

また、琵琶湖北岸の菅浦《すがうら》では、元亀二年（一五七一）の暮れに、米・麦・大豆・油実などの年貢物を、村の高台にある惣寺《そうでら》（阿弥陀寺）に預けていた。[26]どうやら、隠物・預物の「村預かり」の仕組みを解くカギは、「村持ちの惣堂」や「村の鎮守」にある気配である。[27]

しかし、これらの場所も絶対安全といえなかったことは先に見た。

ここに、戦時の緊急避難をめぐって、ナゾの多い隠物の掟（条々）がある。[28]寺家《じけ》・山《さん》下《げ》・門前の人びとを対象にした、紀伊（和歌山）の粉河寺《こかわでら》の法は、その冒頭で、以下のように明記していた。永禄三年（一五六〇）八月、戦国も末に近い頃のことである。

一、不慮の儀候わば、寺・里・造作《ぞうさ》の事に及ぶとも、寺より物を隠す事、あるべからず。里より、ことごとく寺へ退《の》けべし、

もしも不測の事態になって、寺や里に混乱が起きても、粉河寺から里の村へ「物を隠す」ことをしてはならない。里の隠物はことごとく寺へ退避させよ、という。寺の宝物の紛失を防ごうというのか、寺に村の隠物を集中させて、保護料をせしめようというのか、寺の権威を里に誇示しようというのか、この文言の意味はナゾであるが、山の上の寺と、山下の村々との対立の空気さえも感じられて、興味をひかれる。

3 町場の預物・隠物

町に戦争が来ると

これまでは、主に村里の隠物（家財や証書などの緊急避難）の跡を追ってきた。では、町場に戦争が来ると、人びとはどうしたか。その一端を、戦国の奈良の町につい

て、あらためて探ってみよう。前にもみた興福寺多聞院英俊の『多聞院日記』が、戦乱下の都市奈良の隠物情報をつぶさに語る。

①昨今、いろいろ口遊《くちずさみ》（世間に不穏な噂がある）、物をかくし、物騒《ぶっそう》、ぜひなしと、（天文十年十二月）

②昨今、奈良中、しのびしのびに物を隠しおわんぬ、（永禄八年十月）

①「奈良に戦争が来る」。そんな世間の噂が、その頃（一五四一年）、奈良中を駆け巡っていた。それを耳にした町の人びとは、先をあらそって「物を隠し」に奔走し、町中が騒然とした雰囲気に包まれていた。すでに隣の堺（堺市）では、細川氏が一族同士で、幕府の管領職を争って、激しい戦争になっていた。その余波でもあったろうか。

②この頃（一五六五年）奈良中の人びとが、秘かに「物を隠し」に奔走している、という。大和を領国とし、奈良の町なかにある多聞城（眉間寺山、奈良市法蓮町）を本拠とする松永久秀が、その年の五月に、隣の河内《かわち》（大阪府）を本拠とする三好義継《よしつぐ》と共謀して、室町将軍の足利義輝を殺す、という大事件を起こしていた。その後まもなく、三好・松永の二人は仲間割れして、互いに激しく争う、激動のときとなっていたのであった。

そういう不穏な情勢が多聞城にも波及し、やがて奈良の町も戦場になる。その予感と恐怖が、奈良の人びとを早々と避難対策に走らせていた。町場の人びとも、つねに戦争に身構えていたことがよくわかる。

田舎に隠す

奈良のような都市でも、隠物の習俗は広く行き渡り、庶民の行動も素早かった。ことに永禄十年（一五六七）十月には、東大寺が三好三人衆の拠点となっていた。しかし、松永久秀に焼き討ちされ、大仏殿が炎上するという大事件が起きる。奈良の町なかは、すでにその夏から、混乱の極に達していた。それだけに、この多聞院の日記には、隠物の記事がひときわ目立っている。

①五月二十五日　今井へ道具少々を遣わした。
②同　二十七日　常如院《じょうにょいん》から、預かっていた道具（財物）を、すべて取りにきた。
③同　二十八日　左衛門五郎が（かねて預けて置いた）道具を取りにきた。
④同　二十九日　今井へ荷物などを隠すのに、その地元の土豪十市《とうち》殿（奈良県橿原市十《とお》市町《いち》）から、迎えの人夫が、奈良（多聞院）へやってきた。
⑤同　三十日　禅識房《ぜんしきぼう》の道具、皮子《かわご》、大小五つ、櫃《ひつ》一つ、食籠《じきろう》一つ、七色ならびに太刀一つを、若宮神主へ預けた。その預かり状がきた。同じ日、今井の柳屋彦三郎（今

井の土倉）へ、預けに遣わした。

この年は、五月末から、もう多聞院も安全ではなくなり、隠物をどう始末するか、その対策に追われていた。①今井へ道具を少し遣《や》った、④今井に預ける荷物運びに、今井の近くにいる有力な土豪の十市殿が、人をよこしてくれた、⑤今井の土倉・柳屋彦三郎に預けにやった、などという。これらは、「今井へ隠物」のことで、寺の財物を、緊急に在町今井（橿原市今井町）の土倉柳屋彦三郎に疎開《そかい》（保護預かり）させた、というのであった。

②③では、その一方で多聞院にも、異変を知った預け主たちが、あいついで預物を引き揚げにやってきていた。奈良の町なかに預けておくのは危ない、という危機感が人びとを駆り立てていたらしい。引き取った物をどこへ隠したかは、わからない。多聞院の動きからみると、町からは遠く離れた郊外の村や町場が、新たな隠し場所になった可能性が大きい。

奈良郊外の今井の中央には、「今井御坊《ごぼう》」といわれた、浄土真宗本願寺派の称念寺があり、町の周りを堀と土塁が囲んで、大きな城郭風の寺内町《じないちょう》を形成していた。その成立は天文十年（一五四一）頃からであるという(29)。多聞院英俊が頼ったのは、この寺内町に住む土倉の柳屋であったらしい。

4 預物の作法

預かり証文の作法

どこかに物を預けると、その引き替えに、預け先から預かり状（預かり証文）や請取状（受取り証文）をとる。それが通例（預物・預かり物の作法）であった。

中世も終わりの天正十六年（一五八八）の九月下旬の夜、奈良の多聞院へ三人の僧がやってきた。彼らの頼みごとは、豊臣秀吉から寄付してもらった地元の春日神社の奉加米《ほうがまい》（代銀《だいぎん》六五枚）を預かってほしい、というのであった。院主英俊は「大金を預かるなど、まことに迷惑」と、いったんは断ったが、ついに押し切られて、預かることになった。(30)

そこで英俊は、この三人に宛てて、次のような「預かり状」を「切紙《きりがみ》」（小さな短冊状の紙片）に書いて渡した。その控えの全文（日記）を読み下してみよう。

関白（秀吉）殿より、当（春日）社へ奉加（寄付）米の代銀の皮袋二つ、預かり申し候、両三人符《ふだ》（封）を付けられ候、（皮袋の）中の物躰《ぶったい》は見ず、請け候、以上、数多い預物の情報の中で、預かり状の本文がわかる珍しい例である。「銀の入った皮袋二つ」というだけで、その二つの袋には三人が封をしたが、自分はその中身をあえて確かめもせずに預かった、と明記しているのが面白い。

自分はその中身に責任は持てないと、あえて「請取証文」で念を押したことにもなる。だから、袋に入った銀の総額（ほんとに六五枚あったかどうか）も、その預かり料も利息も、何も記してはいない。

預かり状は、料紙（半紙判ほどの大きさ）を短冊状に小さく切った「切紙」に書いたものらしく、「ビタ十九貫預ヶ置き、今日、取り候、則ち切紙を返されおわんぬ」（『多聞院日記』天正十三年〈一五八五〉九月十五日条）と記された「切紙」も、銭一九貫文の預かり状のことらしい。多聞院で預かっていたビタ銭一九貫文を、今日、預けた側が取りに来た。そこで銭一九貫文と引き替えに、相手に渡してあった、切紙（預かり状）を返してもらった、というのである。証文の受け渡しだけは厳重であった。だが、これも預かり料には何もふれていない。

預物に封をする作法

『多聞院日記』に「符《封》をつける」という記事が見え、預物の大切な手順であったらしい。ルイス・フロイスは『日本覚書』に、「彼ら（日本人）は、（貴重品の入った）籠を、紐や紙の封、もしくはシナのえび錠《じょう》で閉じる」と書いて、「紐や紙の封」に言及していた。右の「符」は封と同じことであろう。封だけではなく、錠まで付けたらしい。それほど、預け物にも危うさが一杯だったのであろうか。

預物を籠や皮子《かわご》（皮籠）や箱など、様々な容れ物に入れて、その口のところに封（符）をして、その封には封印などの目印を書いた。封印にも、色々な工夫が凝らされていた。また、『多聞院日記』には「皮子につつみ入れて、かくし物一荷……箱に入れ替えて、多聞院と書き付く」（永禄十二年〈一五六九〉正月条）とあるが、この場合も「隠し物」は預物と同じように自分の名前や目印になるものを書き付けていたらしい。

預物に「自分の名前を付ける」といえば、しばしば引用する『政基公旅引付』に、こんな話がある。和泉国日根荘入山田の菖蒲《しょうぶ》村に、亀源七《かめげんしち》という百姓がいた。山奥の渓谷沿いにある犬鳴《いぬなき》明神の西坊《にしのぼう》に、米一俵を預けていた。神社への預物である。ところが、ある三月の末、同じ村の百姓で正円右馬《しょうえんうま》という男が、この西坊へやってきて、その米俵に目をつけ、「これは正円右馬のものだ」と書いた「札」を俵に付けさせた。しばらくして、右馬がその「札」を付けた米俵を取りに来た。そこへ、たまたま元々の預け人だった亀源七が、米俵を取りにやってきたため、言い争いになった。

右馬は自分の付けさせた「札」を証拠に、自分のものだと言い張った。だが源七は、俵の中には「亀源七預け置き主」と明記した「切紙」を入れてある、それが証拠だ、と反論した。そこで集まった人びとが俵を開けてみると、中からは源七のいう通り「切紙」が出てきた。右馬は「サテハ覚えちがいか」と言い繕《つくろ》って、米俵を源七に渡した。だが右馬は預物の盗人だと、村でも大問題になった。彼には余罪もあったらしく、村の若衆は右馬を処刑してしまった(31)。

事件が起きた三月末という季節からみると、預物の米俵は、その春に苗代《なわしろ》に播く大切な種籾であったにちがいない。種籾を他所に預けるという習俗については、宮本常一『庶民の発見(32)』がこう書いていた。「(奥能登の)付近の村々は、毎年、モミ種を時国家《ときくに》にあずけておき、凶作の場合、モミ種まで食いつぶすことのないように気をつけ」ていた、と。

この一文のことを、窪田涼子氏(神奈川大学常民文化研究所)に話すと、さっそく研究所にある「時国家文書」の写真版の中から、元和元年(一六一五)十二月付けで、村々の年貢米の出入りを記した、小さな帳簿(「村々御年貢米之入米之覚之事(33)」)を見つけ出してくれた。

その冒頭近くには「但、もみたね八俵　時国にあづけ申し候」と記されていた。宮本が能登の「モミ種預け」習俗にふれた文章は、この「覚」によったにちがいない。

割符・合印の作法

さて、他所に預物をする場合は、俵につけた「札」や俵の中に入れた「切紙」など、預ける側には、さまざまな工夫と智恵が求められていた。

預物に封をするのは、戦国の世に生きる上で、大切で切実な心得であったらしい。そのことについて、「本福寺《ほんぷくじ》跡書《あとがき》」[34]が「封のつけよう」について、異常に詳しく書き遺していた(原文はカタカナ・漢文交じり)。

「幼いものに、封を付け、習わせべきなり」と、幼いころから封付けを習わせておけといい、また「大事のものは、錠をおろし、その錠に封を付」けよ、ともいっていた。錠にも封をつけよ、というのである。フロイスの証言(前掲)とそっくりである。

また、預物の箱に「緒をして、その緒に封をつける」封締めの方法には、驚くほどの工夫が凝らされていた。その手口は、ここに引用をためらうほど、こと細かく書かれ、預物の習俗の広がりを生々しく映し出している。

また、いくども預物を抜き取られた苦い実体験からであろうか。封破りの手口にも言及して、こう戒めていた。

町屋に預くるものをば、封を斜め切りに切りて、飯・続飯《そくい》(飯粒で作った糊)に付けて、墨のところばかり見せて、主の方へ手渡しをするぞや。中には何を入れ換えて置くも知らず、町屋に封をして預物をする。すると、それを預かったずるい相手は、封を斜めに切って、こっそり中身を入れ替えて、封の墨だけがよく見えるように、あらためて封に糊づけをして、素知らぬ顔で預け主に返す。だから、中身が何にすり替えられているか、わからないぞ。しっかりと注意が必要だ、というのである。

封の作法には、さらに慎重かつ複雑な工夫が凝らされていた。次にあげる『多聞院日記』[35]のイの「あゐもん」や、ロの「わりふの貝判《かいはん》」が、その一例である。

イ　柳屋（今井の土倉）へ預け札のあゐもん☆（永禄十年八月）、

ロ　預けの具足、渡すべきの由、わりふの貝判来たる。取りに来次第に、これを渡すべし（天正十七年十一月）、

預物をするとき、あらかじめ双方で「あゐもん（合紋）」、つまり合わせ札や符牒（イ）、あるいは「わりふの貝判」、つまり二枚貝の一片ずつを合い印とした割り符を決めておき（ロ）、さらに、取りに行く前に割り符を預かり主に届けておいた（ロ）。まるで勘合符や通信符のような厳重さが面白い。

イの☆（合紋）の例など、柳屋というプロの土倉が発行した符牒であった。「わりふの貝判」は、多聞院自身がやりとりをしているから、合紋や割符の習俗は民間にも広く行わ

れていた様子である。

応仁・文明の乱のさなか、公家の山科言国《やましなときくに》は、その日記『言国卿記』文明七年（一四七五）五月六日条に[36]、

からひつ《（唐櫃）》二合《（箱）》のあいしるし《（合印）》（梅松）也、……からひつのあいしるし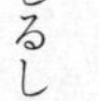（鳥）是也、

などと、預物の合印として自筆で絵を描き、その絵を日記にも丁寧に書き写していた。

また同八日条にも、

蓮如坊へ、かわこ《（皮子）》二《ふたつ》、あずけおく也、あいしるし《（合印）》、ひつ《（櫃）》には是也、また一つ、《コレ》也、

と、二つの「アイシルシ」の形（絵）を、ここでも慎重に、日記にメモしていた（原文はカタカナ漢字交じり）。

さらに、預物を返してもらうときにも、別の工夫があった。

①今井の道具とも、取りに来るべき旨、注文を遣わす、(『多聞院日記』天正十一年七月条)

②道具取るべきの由、申状《もうしじょう》きたりおわんぬ、(同右、十二月十六日条)

などというのがそれである。

つまり、預物を返してもらいに行く前に、①預かり主にその旨と明細を通告(注文)しておく。また、横取りを防ぐために、本人確認の証拠として、②あらかじめ預物の明細を書いた、預け主自筆の「申状」をも、使いに持たせてやっていた。

預物の源流

このようにして、寺社や村や質屋などが、個人や村などから、日常的に貴重品や家財を預かっていた。それは、現代の銀行の貸金庫や、トランクルームなどと、機能がよく似ている。鎌倉から室町期の土倉が、高利貸しの質草とは別に、財貨の安全のために保護預かりをし、預かり状を出していたことは、早くから知られていた[37]。もともと中世の土倉は、文字通りその「土蔵」を利用した、財貨の保護預かりに始まるのであり、利殖本位になるのは、室町時代になってからであった、という[38]。預物の習俗は意外に古くからあったことになる。

また、近世初頭の大坂冬の陣・夏の陣のときも、「預物改め」「預物帳」の作成などが行

われていた。だから、緊急のときに行う、財貨保全の動きは、かなり後まで続いた様子である。(39)

次に、戦争の後に行われた「預物改め」(敵方の預物の捜索・没収)について、詳しく追ってみよう。

5 預物改めの習俗

敗戦後の預物の運命

苦労して預物・隠物をしても、そこが戦場になり、味方の軍が敗北し、敵軍が乗り込んでくると、せっかくの家財の保全や緊急避難の苦労も、たちまち水の泡となった。戦いに勝った占領軍は、戦場地帯にある敵方の預物・隠物を狙って、徹底した追及を行い、「預物帳」という台帳まで作らせて、すべてを没収した。それは、いわば占領軍による組織的な掠奪であり、大きな所得でもあった。

その追及・捜査は「道具改め」とか「道具糺《ただ》し」とか「道具尋ね」などと呼ばれた。その実例を、およそ年代順に、できるだけ広い範囲に、追いかけてみよう。

天文二十二年(一五五三)頃の春のことであった。松永久秀は丹波八上《たんばやがみ》城攻めに勝利すると、播磨（兵庫県）の清水寺《せいすいじ》に対して、寺が預かっていた敵方の預物や残党の捜索を行い、それらの引き渡しを命じて、こう問うた。

彼方（大野原方）の預かり物、また牢人衆《ろうにんしゅう》を、寺中に隠し置くか、

敵方の預物や牢人たちを、寺内にたくさん隠しているはずだ、と。しかし、寺側はこの「御尋ね」に反発して、「一向、さようの段、これなく候」とつっぱね、寺が滅びても構わぬ、と強硬であった。

預かり主側も、預かり物や庇護した人びとの安全を守ろうと、必死の覚悟であった。だが、松永方も「預物これなき由、……この分にては、同心あるまじ」と、返答に満足せず、追及の姿勢を変えようとはしなかった(40)。

また、永禄四年（一五六一）六月、琵琶湖東北の大名・浅井長政は、琵琶湖の早崎（滋賀県長浜市）の地先約五キロ先に浮かぶ竹生《ちくぶ》島に対して、戦争に勝った後、敗残の敵将五人をとくに名指しして、

みぎの衆、荷物・俵物、あり次第、あい渡さるべく候、

と命令した。この「荷物・俵物」を「荷物以下、預ヶ物」ともいっているから、敵方の預物をすべて没収する。すぐに引き渡せ、という指令である。浅井軍はその請取状を寺に交付していた。竹生島側は、どうやら占領軍の要求にあっさり応じて、「唐櫃《からびつ》三つ」の預かり物を差し出していた。

しかし、預物の捜査と没収は、その後も徹底していた。一カ月後にも、寺に次のような明細書まで添えた預物の請取状を出していた。

かま三ッ・茶つぼ一ッ・わん一束・味噌桶《みそおけ》八ッ・ゑニコニコちゃわん二ッ・俵物、あり次第、

没収された預物の多彩さには、驚かされる。細かい預物の捜査が寺の台所にまで及んだらしい。釜・茶壺・椀・味噌桶・茶碗・食糧などであった。釜や茶壺、茶碗などは茶道具であったか。戦争のとき、人びとが何を預物にしていたかが、よくわかって面白い。「味噌桶八ッ」「俵物、あり次第（ありったけ）」というのも驚きである。

ネコ・ニワトリの隠物

意外な預物もあった。

天正五年（一五七七）五月のことであった。

ナラ中ネコ・ニワトリ、安土《あづち》ヨリ取ニ来トテ、僧坊中へ、方々隠了《かくしおわんぬ》、タカノエノ用、云々、

そっけない原文が面白い。

安土城にいる織田信長の指示で、（彼の配下が）奈良中のネコ・ニワトリを集めに来るらしい。その噂が広まると、町中の人びとは興福寺の僧坊の至るところへ、ネコ・ニワトリを隠しに来た。鷹狩り好きな信長が、飼っている鷹の餌にするのだと、もっぱらの噂だ、という（『多聞院日記』）[41]。寺は、町中から数多くのネコやニワトリを持ち込まれ、それを預かっていたらしい。

また、これも信長がらみの話である。元亀元年（一五七〇）十一月、信長の家臣とみられる二人が、安土城にもほど近い近江蒲生《がもう》郡長命寺《ちょうめいじ》（滋賀県近江八幡市長命寺町）に宛てて、預物の指示をしていた。この寺は琵琶湖の東畔に突き出した奥島山塊の中腹にあって、門前の港湾集落を通じて、琵琶湖の湖港（湖上流通）をも握っていた大寺であった[42]。

信長方の指示は、こうである。

その方へ預ヶ申し候、米十石、西川三郎左衛門二郎方へ、御うたがいなく、お渡しあるべく候、その方の預かり状は、尾張にござ候あいだ、まいらせず候、もし何方《いずかた》より出し候とも、反古《ほご》たるべく候。(43)

安土城に君臨する天下の覇者・織田信長もまた、近くの長命寺に、米一〇石を預けて「預かり状」を受け取っていた。その米を西川三郎左衛門に渡して欲しい、というのであった。西川は信長ご用の米商人でもあったか。

ただし「預かり状」は本拠地の尾張（愛知県）に置いてあるので、いまは渡せない。もし後で「預かり状」をもって、米を請求する者がきても、その証文は反古（無効）とみなせ、とも付記していた。証文なしで渡せという、強引な取り引きぶりが印象的である。天下取りを目ざす信長までも包み込んだ、預物習俗の大きな広がりが、まざまざと見えてくる。

材木まで預けていた

天正二年（一五七四）正月、先の勝利者であった浅井長政を滅ぼして近江を制圧した羽柴秀吉は、竹生島に対して、こう厳しく要求していた。

当島に備前（浅井備前守長政）預け置き候、材木の儀、きっと改め（調べ上げ）、あい渡すべく候、如在《じよさい》においては（ごまかしをすると）、曲事《くせごと》たるべく候（処罰するぞ）、

秀吉は、浅井氏が寺に預けていた大量の材木に目をつけたのであった。あるいは、自身のための長浜城（滋賀県長浜市）の築城用材にしようとしていたのかも知れない。いまも竹生島に伝わる、この命令書の裏面をみると、

この御折紙をもって、ざい木《（材）》ことごとく、あい渡し候、皆済《かいさい》なり、使い内保藤介、

と裏書されている。それは、材木をすべて、確かに受領した、という預物没収の請取証であった。さらに三月には、その「注文」（請取明細）までも竹生島に届けられていた(44)。

なお、琵琶湖岸で材木を預かる習俗は、もっと古くからあり、先にみた長命寺でも行われていた。

たとえば、天文三年（一五三四）十月の「結解《けちげ》米下用《げよう》帳」にも、「大和殿材木二百七十本の米……船頭九人・大船三艘」などの記事があり、大寺も介在した大がかりな材木の湖上舟運の隆盛ぶりが、その断面を見せてくれる(45)。このように、寺や神社がしばしば預物の場になった。

そのことを深谷幸治氏は「寺院の無縁性・中立性を利用した重要物の保管・保全行為」と規定し、強調している。[46] しかし、すでに詳しく見てきた通り、現実には、村里の寺院や神社は、中世びとなら誰でもが知っている、いわば周知の隠し場であった。

だからこそ、しばしば狙われ、預物を奪われていた。戦争が近づくと、興福寺多聞院のような権威ある寺の僧でさえ、戦火と掠奪を予期して、郊外の今井の土倉のもとへ、大量の預物を避難させていた。

また、戦後の預物改めは、容赦なく、琵琶湖に浮かぶ竹生島の弁財天社にまで及んでいた。

これらの事実は、神仏を祀る社寺は、世俗の世界から切り離された不可侵の聖地であり、タブーの地であったという、無縁説・中立性説とは大きく対立する。

敵方の預物を没収する

さて、戦い敗れた敵方に対する「預物改め」の内実はどうだったか。

天正三年（一五七五）八月、そのころ大和一国の守護になっていた原田直政は、奈良の大多喜氏らを敗戦に追い込むと、彼の家を検封《けんぷう》（没収・封鎖）するとともに、その家来たちにまで、徹底した「道具改め」（公然たる掠奪）を強行していた。[47]

翌四年五月、その原田が大坂の本願寺との合戦（石山合戦）で戦死すると、大和の筒井順慶は、奈良中の寺と町に「触れ」を回して、もし原田同類の「預かり物」があれば、「紙一枚、残さず出さるべし」と厳しく命じた。徹底した預物狩りであった。

これを聞いた多聞院の英俊も、原田同類の塙《はなわ》小一郎から預かっていた米を、慌てて差し出し、「いまさら不便《ふびん》（不憫）の次第なり」と同情し、自身の非力を歎いていた。(48)

天正八年（一五八〇）ころ、信長軍の中国攻めの先鋒として、播磨（兵庫県）を制圧した羽柴秀吉は、網干《あぼし》（兵庫県姫路市網干区）惣中に向かって「英賀《あが》にげのき候もの共、預ケ物これあるべし」と追及し、預物の「運上《うんじょう》」（差し出し）を命じた。そして、もし隠匿すれば成敗するぞ、と脅迫し、側近の小西立佐《りゅうさ》（行長の父）を現地に差し向けた。英賀（姫路市飾磨《しかま》区）は、播磨の一向一揆の拠点となった本徳寺の寺内町であった。おそらく同じ一向宗徒という縁で、英賀と網干の海村とは、預物の関係をとり結んでいたにちがいない。その密接な関係が、この敗戦とともに、追及の対象となっていた。(49)

翌天正九年（一五八一）八月、かねて十津川（高野山）に追放していた佐久間信盛が死ぬと、信長は佐久間の預物を接収しようと、高野山の宿坊に上使の一団を派遣した。ところが、上使は僧徒に皆殺しにされてしまった。(50) 預かった側も、預かり物を守り抜くのに必死であった。

天正十一年（一五八三）四月、信長死後の権力争いで、柴田勝家の越前（福井県）に侵攻した羽柴秀吉は、三カ条の指令を出して、占領政策を明らかにしていた。その冒頭には、

「一、兵粮ならびに、あづけ物の事」と明記し、戦場の町や村に、敵方の兵粮と預物の隠匿を禁じ、その提出を命じていた。[51]さらに、その指令の末尾には、

秀吉、条数（三ヵ条）をもって申し出し候こと、みかえし候（違反する）においては、その一町残らず、妻子以下、ともに成敗、

といい、もしも指令に違反すれば、町内・家族ぐるみで連帯責任を問い、処刑するぞと、脅迫した。敵方の兵粮と預物の掌握・没収は、明らかに占領政策の焦点に位置していた。

預かり物を失う悲しみ

戦国大名たちによる「敵方の預物改め」は、奈良の町で大きな罪（放火・殺人）を犯した男が、「預物これあるべし」と追及され、見つかった荷物は封印されてしまった、という検断（検察）の措置[52]ともよく似ている。

こうした「犯罪者の預物検断」と、戦時の「敵方の預物改め」とは、その底で一つにつながっていた形跡である。おそらく、もとは、ともに検断権の執行の一環であり、戦争状況がしだいに深化していく過程で、敵方の預物改めは、どの戦国大名たちも狙う重要な戦後処理策となっていったのではあるまいか。

ところで、先に見た播磨の清水寺では、身を棄てても預かり物の没収を拒もうとした。また高野山の宿坊では、佐久間氏の預物を接収にきた信長の使者たちを皆殺しにして拒絶した。

本来、中世の預物・隠物は、その預かり主が、自分の「名誉」にかけて、体を張ってでも死守すべきもの、とされていたのであった。

だから、権力の強制に負けて、つい預かり物を差し出した、多聞院の僧英俊は、しばしば「不憫の次第」とか「笑止々々《しょうし》」などと、日記の中で自嘲していた。そこには、戦国の世の末に、老境を生きることになった彼の、時代に抗《あらが》い切れない無力感が滲んでいた。

預物の要諦——戦国びとの処世観

戦国のはじめ、あたかも天下統一に向かう戦乱の十字路となった近江の湖西・堅田《かただ》(大津市)の地に、明誓という真宗僧がいた。彼は子孫への置文《おきぶみ》(書き置き)の形をとった「本福寺《ほんぷくじ》跡書《あとがき》」(53)のなかで、預物の心得を諭《さと》して、こう記していた。そこには、戦国に生きた老人の現実的な処世観があふれている。番号をつけて読み下してみよう。

①人の有名・有徳《うとく》の人を頼み、預かり状をさせて、預けられよ。②また、その状をば手にもて《(持)》、人を見て、それをも預けべし、③預けものをば、糠灰汁《ぬかあくじる》をつくるように、走り

込み、走り込み、見れば、むづかしがり、うるさがるものぞ、④あまりに久しく見ぬも、違うことあり、

①物を預けるには、名望ある有徳の人を頼み、預かり状をとって預け、②その預かり状も、別に人を選んで預けるがよいぞ。③だが、預物や預かり状を気にして、あまり忙《せわ》しく確かめに行っては、煩《うるさ》がられよう。④さりとて、余り無関心に放って置くのもいけないぞ、と。

まさに、戦国の世の預物心得の要諦であった。

さらに「物を預けて違わぬ人」つまり、預物をして安心できる人とは、次のような人である、ともいう。

⑤物を預けて違《たが》わぬ人は、仏法《ぶっぽう》の志ありて、
⑥ことに世帯《せたい》心安く、有徳の人は、惣じて、ものを違えぬものなり、
⑦かかる人には、いかほど預けても、取らぬものなり、
⑧かようの人は、「何をも預かるまじい、綺《いろ》うまじい」と、斟酌《しんしゃく》あるなり、
⑨志《こころざし》の施物《せもつ》をも、畏れ、いやがらるるぞや、
⑩この人は、苦《にが》らるるも、笑わるるも、人の出逢いたがるる人ぞや、

物を預けて安心できる人は、こういう人だぞ。

⑤仏法の信心があり、⑥家産もあり、世間の信望もあつい素封家こそが、信頼できる人だ。⑦そういう人ほど、預かり物を嫌がり、⑧いくら頼んでも、嫌がって固辞する。⑨お礼（志の施物）をしようとしても、受け取ろうとしない。⑩そういう人にこそ、嫌がられても、笑われても、諦めずに頼み込んで、預物をするがよいぞ、と。

戦国の世の期待される預かり者像が、ここにある、といってもいいだろう。⑤の「仏法の志あり」というのは、筆者が真宗僧のせいでもあろうが、とくに寺僧がいい、といっているわけではない。頼るべきは、あくまでも「有徳の人」、つまり世間に人望のある素封家・名望家なのであった。

危険な預け先

一方、物を預けて危険な人物への注意も、忘れてはいない。その書き置き振りは生々しい。要訳してみよう。

⑪うわべは「心得よき人」に見えても、「根性《こんじょう》を下げたる者」（心の卑しい人）が多いし、そういう人は「よろず、物を預けることまでも、違ゆるもの」だから、「銭も米も、

かりそめにも、扱わせまじ」いぞ、と、戦国に生きた彼の人物観はじつに厳しい。⑫それに「全《また》い人ぞと……沙汰ある人」（世間では、立派な人だ、と噂される人）でも、「心の替わること」があるものだ、とも繰りかえしている。⑬ことに「世帯適《かな》わぬ者の、ものを読み書きする者」は、「何を預けるとも、違ゆるものぞや」と、家の貧しい知識人などはことに危ないと、辛辣であり、私も何やら耳が痛く、身につまされる。

このような、預物をめぐる処世観、つまり預物の習俗と、それをめぐる心得（危機管理の習俗）が、すでに戦国時代のはじめには、大きく広がっていたのであった。

中世人の預物・隠物

先に「こもる・つつむ・かくす」という、身体行為のレベルから、中世王権の特質を鋭く論じた黒田日出男氏は、そうした行為の行われる特有の場について、その見通しを、こう述べていた(54)。

たとえば、戦乱の〈死穢〉や掠奪から、最も遠い、聖なる空間としての寺社や御所は、民衆の財産の〈隠し〉場所でもあった。………そうした場所＝空間の特質の解明は、民衆の諸身体行為を社会的・政治的に位置付けるために、不可欠のテーマであろう、まことに大切な指摘であった。

これを受けて、清水克行氏は、室町社会で京都の御所（禁中）が、周りの町場の民衆の祭りの広場であり、戦乱など、いざという時の「洛中アズケ物」の場であり、人びとの避難所であった、という事実を、すでに一九九四年の学部卒業論文で、明らかにしていた[55]。ただ、この章を省みると、民衆の隠物・預物は「戦乱の死穢や掠奪の時」だけではなかったし、「聖なる空間」だけに限られてはいなかった。たしかに寺社に集中する傾向は強くあった。その意味で、在地の寺社は、逃げ込んだ人を匿《かくま》う「人のアジール」であるとともに、「物のアジール」でもあった。

だが、現実はもっと複雑であった。山間の村々も多くの預かり物をしていたし、また「有徳の人」こそが「物を預けて違わぬ人」だといわれたほど、中世の村々や町場の預物・隠物の作法は、ごく日常・世俗の時空にも、共同体レベルでも、個人レベルでも、ほとんど習俗といえるほど、大きく深く広がっていた。「村としての隠物」も広く行われていた。村々や町場の素封家の持つ蔵も、預物・隠物の場となって、やがて、土倉などを生みだしていったことは、すでに述べた。

里の村や町と、山間の村々との間には、預物・隠物を媒介にした強いつながりがあり、検断・軍事・相論・水利・市場・墓地など、日常的に様々な共同の場や連帯や庇護のネットワークを作り上げてもいた。山野河海の縄張りをめぐって、激しく対立しあう村々は、他方で、互いに深い連帯の輪を広げ合っていたのである。

この対立と連帯の輪こそ、「村の自立」を直《じか》に支える、奥深い基盤であり、戦国のサバイバル・システム（戦国を生き抜くための装置）であった。その大きなネットワークの輪の中心に、預物・隠物の習俗が位置していた。

6 後世まで続く預物の習俗

江戸の穴蔵

平和な近世になっても、江戸の町の地下には、穴蔵《あなぐら》（地下式倉庫・地下室）がまるで蜂の巣のように、広がっていた。それはいわば耐火倉庫であった。(56) この古泉弘氏の説に学ぶことで、私の隠物習俗への見方は、先に紹介した清野利明氏のいう戦国の地下式坑（一八六頁）から、さらに広く、さらに具体的に広がった。

東京の町を発掘すると、ぶ厚い赤茶けた焼土層が、明暦の大火（一六五七年）から東京大空襲（一九四五年）まで、幾重にも重なって出現するという。大都市江戸は火事の町でもあった。その堆積層の下の、安定したローム層の台地の上には、素掘りの穴蔵が、地盤の弱い低地には木製（木郭状）の穴蔵が発掘されているという。

防水構造の必要な木組みの穴蔵造りには、精巧な造船技術が応用されていたとみられ、江戸の町には専門の穴蔵工が各所にいたらしい。

穴蔵は物品の長期保存には不向きで、多くは火災のときなど緊急避難（災害時の非常用施設）(57)のために用いられた、とされているが、古泉氏は、穴蔵が火災に対してどこまで有効であったか、とあくまでも慎重である。

穴蔵の使用された時期は、いまは慎重に一六五〇年頃（江戸初期）までとみられているが、この十七世紀前半よりもさらに古く（おそらく戦国まで）さかのぼる可能性も否定できないという。

とすれば、都会の家の床下の穴蔵（古泉氏）、田舎の野面の地下式坑（清野氏）と、立地条件は大きく異なるが、どこかに接点が潜んでいるのではないだろうか。

戦国内戦の終わった江戸―東京の地下に掘られた無数の穴蔵は、あいつぐ火災や地震や空襲から家財を守るための装置であった。隠物や穴蔵の英知は、脈々と受け継がれていたのであった。

幕末・明治初期の隠物

非常時に自力で家産を守るという習俗は、さらに近世末から近代を経て、アジア太平洋戦争中の疎開システムにまで、長く続いていく形跡である。

たとえば、越後が戊辰《ぼしん》戦争で敵軍（奥羽越列藩同盟側）とされ、加茂（新潟県加茂市）の一帯にも戦火が迫ってきたときのことである。慶応四年（一八六八）五月一日、紙問屋を営んでいた小田島家（同市若宮町）では、自家の「大福帳」に、こう書き留めていた[58]。

慶応四戊辰年五月朔日より、せんさう（戦争）はじまりニ付、諸道具誂《あつら》え申候、品物控

一、たんす（箪笥）壱ツ　上土倉《かみつちくら》村　万吉殿あつらへ
一、きるい（着類）取合《とりあわせ》　三十六枚　同
一、諸道具取合壱箇　同　清之十殿あつらへ
一、紙取合弐箇　同　仙太郎殿あつらへ
一、紙壱箇　足し出　与四郎殿あつらへ
（ほかに、紙三箇・諸道具三箇、以上四件、与四郎殿あつらへ、省略）

ここにいう「あつらへ」（誂え）は、注文という意味ではなく、「頼む」「託す」「預け

る」という意味であろう(59)。

さあ戦争だ、というので、町の紙問屋は、①箪笥一棹《ひとさお》と着類三六枚を、加茂川を遡った山奥に近い上土倉村（もと七谷村の内）の万吉方に、②諸道具の荷物一箇を、同村の清之十方に、③紙荷物二箇を同村の仙太郎方に、④紙荷物四箇と諸道具三箇を、同村の与四郎方に、それぞれ預けていた。

なぜか家財や仕事道具などを一カ所にまとめて預けず、四カ所に分けて預けていた。預かり側の都合とみる余地もあるが、むしろ預ける側が危険の分散を図ったもの、と考えた方がいいのではないか。戦火に迫られての「預物」の習俗は、十九世紀後半になっても、なお健在であった。

明治六年（一八七三）に筑前竹槍一揆を体験した『横田徐翁《じょおう》日記』(60)に、次のような一文がある。

神代より諸道具を持ち込み来る。当村内は、俵物ならびに衣類等を、屋敷に掘り埋め候、…此方も格別要用の品、ならびに夜具・衣類など、あらあら掘り埋め候、

よその村から自分の村へ、たくさんの諸道具を持ち込まれたので、俵物（食糧）も衣類も夜具も、大慌てで屋敷の中に穴を掘って埋めた。自分たちの持ち物も、特に大切な物は

やはり穴を掘って埋めた、というのである。

戦国ではよく見えていなかった衣類や夜具までが、穴に埋め隠されていたことに驚かされる。かなり大きい穴であった様子である。

いかに緊急の措置であったとはいえ、夜具など、いったい、どうやって、何に包んで、土の中に埋めたのであろうか。よその村からの預物を引き受け、懸命に守ってやるというのも、中世とそっくりである。

中世で見てきた民間の自力救済の習俗の流れは、じつは一貫して、現代にまで及んでいた形跡である。一九四五年まで続いた、戦火を逃れるための、防空壕への人びとや非常持ち出しの物の退避なども、あるいは、こうした習俗の流れに続いていたのかも知れない。『広辞苑』[61]の「防空壕」の項には、「空襲の際に待避するため、地を掘って作った穴や構築物」とある。いざと言うときのヒトの智恵は、昔からあまり変わらない、ということでもあろうか。

おわりに

「村に戦争が来る！」

「村が戦場になる！」

その噂を聞いたとき、茫然としていれば、ヒトもモノも、敵方の雑兵たちに渫《さら》われてしまう。中世では、それを「乱取り」とか「濫妨狼藉《らんぼうろうぜき》」とか「濫妨取り」といった。その実態については、すでに『雑兵たちの戦場』(1)で詳しく追ってみた。

しかし私には、まだ宿題が残っていた。村が戦場になって「乱取り」は必至となったとき、村や町の人びとは、どう行動したか。ヒトはどうやって助かり、モノはどう保全したか。ことに中世の終わりに、当時から「戦国」と呼ばれた、一五〇年もの戦争の時代は、「乱取り」に立ち向かう深い「危機管理」の英知を生みだしていたのではないか。私にはその予感があった。その本格的な追究が、私にはまだ欠けていた。

その英知を探る助けを求めて、手近な中国や西欧の城郭情報にも、好奇心いっぱいに学んだ。

日本にも、乱世を生き抜く英知は確かにあった。城はその核心にあった。避難所としての城である。落城の光景のなかには、じつに多くの村や町の男女や子どもの姿があった。

私の「村の城」論にも異論はあるが、接点が増えているのを実感できるようになった。(2) 城から遠い自力の村には、村の城も不可欠であった。すべての住民が領主の城に収容された訳ではないからである。なお、大山喬平氏は「ムラを忘れた歴史学」と説いて、古くからのムラの存立に、新鮮で鋭い検証を続けている。(3) 心強いことである。

隠物の習俗は、生き残り策の土台にあった。それは「生命維持《サバイバル》の習俗《システム》」といえるほどに、戦国の社会の隅々にまで広がっていた。隠物の習俗は、少なくとも中世の初めにさかのぼり、下って近代まで続いていた。こっそり穴を掘って埋めたり、村の寺社や他所の村や町に預けたりした。

中世では、それを「隠物」とか「預物」といった。ニワトリやネコから、食物、家財、材木まで、ふだんから身構えて他所に預け隠していた。その習俗の痕跡は、日本の至るところに遺されていた。ふだんの危機感が生んだ、危険の分散という英知からであったろうか。

城も隠物も、危機管理《クライシスマネージメント》の焦点に位置していたのである。

注

はじめに

1 村田修三編『新視点 中世城郭研究論集』新人物往来社 二〇〇二年
2 橋口定志「埋納銭の呪力」『新視点 日本の歴史』四〈中世編〉新人物往来社 一九九三年

一 中国古代の城郭の原像

1 愛宕元『中国の城郭都市』中公新書 一九九一年
2 宮崎市定『中国古代史論』平凡社選書 一九八八年。岩本篤志氏のご教示による。以下、中国情報のほとんどは同氏の提供による。
3 尾形勇「西安の城市」『週刊朝日百科 世界の歴史別冊 旅の世界史』6〈城郭都市〉一九九二年
4 宮崎市定「唐代の里制」注2前掲書所収
5 包慕萍 中世都市研究会シンポジウムのレジュメ『都市を比較する』二〇〇八年
6 『新潟県中世城館跡等分布調査報告書』新潟県教育委員会 一九八七年
7 「鮫ヶ尾城とその時代」『鮫ヶ尾城と直江兼続の生きた時代』妙高市教育委員会生涯学習課 二〇〇八年
8 藤木久志『戦国の村を行く』朝日選書 一九九七年
9 筑摩書房編集部編『世界の歴史』3 筑摩書房 一九六八年
10 福島克彦「戦国期畿内の城館と集落」村田修三編『新視点 中世城郭研究論集』新人物往来社 二〇〇二年
11 注2前掲書

12 谷川道雄『中国中世の探求』日本エディタースクール出版部　一九八七年。以下この項同じ。
13 樋口忠彦『日本の景観―ふるさとの原型』ちくま学芸文庫　一九九三年。伊藤正義氏のご教示による。
14 那波利貞「塢主考」『東亜人文学報』二―四。注2前掲書から再引。
15 小島道裕『城と城下』新人物往来社　一九九七年
16 「菅浦文書」六二八〈文安六年＝一四四九〉滋賀大学経済学部史料館編・滋賀大学日本経済文化研究所編　滋賀大学日本経済文化叢書　有斐閣　一九六〇・六七年
17 宮川尚志『六朝史研究・政治社会編』日本学術振興会　一九五六年。第七章。注2前掲・注12前掲書による。
18 宮崎市定「中国における聚落形体の変遷について」注2前掲書所収。
19 魏源『聖武記』興亜院政務部訳　生活社　一九四三年。石橋秀雄・岩本篤志氏のご教示による。
20 諸橋轍次編著『大漢和辞典』三　大修館書店
21 藤木久志『村と領主の戦国世界』東京大学出版会　一九九七年
22 注10前掲書
23 『アジア歴史事典』平凡社　一九六〇年。「堅壁清野」の項は清朝史の鈴木中正氏執筆。岩本篤志・遠藤ゆり子両氏のご教示による。
24 山内進『掠奪の法観念史』東京大学出版会　一九九三年
25 藤木久志『雑兵たちの戦場』朝日新聞社　一九九五年。『新版　雑兵たちの戦場』朝日選書　二〇〇五年
26 日比野丈夫「郷村防衛と堅壁清野」『中国歴史地理研究』同朋舎出版　一九七七年。岩本篤志・遠藤ゆり子両氏のご教示による。
27 注10前掲書

28　注16前掲書
29　『六角氏式目』一三条『中世法制史料集』三〈武家法一〉岩波書店　一九六五年
30　「原文書」『千葉県史』県外八一三。藤井久志「内戦のなかの村と町と城」『土一揆と城の戦国を行く』朝日選書　二〇〇六年
31　『山形県中世城館遺跡調査報告書』2　山形県教育委員会　一九九六年。大類誠「石仏雑感」東北福祉大学岡田ゼミナール編『地域史研究の方法と課題』一九九七年
32　簗瀬裕一「房総の中世集落」浅野晴樹・齋藤慎一編『中世東国の世界』2〈南関東〉高志書院　二〇〇四年　藤木久志　注25前掲書
33　『戦国遺文』一一〇二　東京堂出版。以下『遺文』と略す。数字は文書の通し番号。
34　『遺文』二五七五
35　『遺文』三三五四―三三五五

二　西欧中世の城郭の原像を探る

1　『世界の戦争』5　木村尚三郎編『中世と騎士の戦争　ジャンヌダルクと百年戦争』第五章（平城照介著）講談社　一九八五年
2　堀米庸三編『中世の森の中で』生活の世界歴史6　河出文庫　一九九一年
3　野崎直治『ヨーロッパ中世の城』中公新書　一九八九年
4　佐藤公美氏のご教示による。
5　簗瀬裕一「房総の中世集落」浅野晴樹・齋藤慎一編『中世東国の世界』2〈南関東〉高志書院　二〇〇四年
6　『木村・相良　独和辞典』博友社　一九五一年

三　危機管理の習俗の発見

1　藤木久志「関東公方領のアジール性」は、『日本歴史』余録欄に発表。
2　『快元僧都記』群書類従第二五輯　続群書類従完成会　一九六〇年
3　藤木久志『戦国の村を行く』朝日選書　一九九七年
4　この項は安野真幸『楽市論』（法政大学出版局　二〇〇九年）に学んだ。
5　「鵤荘引付」阿部猛・太田順三編『播磨国鵤荘資料』八木書店　一九七〇年。この荘園の政所と住民との深い関わりについては、藤木久志『戦国の作法』（講談社学術文庫版　二〇〇八年）参照。
6　ルイス・フロイス『日本史』中央公論社　一九七七〜八〇年
7　ジョアン・ロドリゲス『日本教会史』大航海時代叢書9・10巻　岩波書店　一九六七・七〇年
8　『かも市史だより』一二号　二〇〇五年
9　加茂市史編集委員会編『加茂市史』史料編1〈古代・中世〉二〇〇五年。金子達氏の解説。
10　同右。戦国末の項
11　「賀茂村検地帳」新潟県新発田市立図書館所蔵
12　『加茂郷土誌』五号　加茂郷土調査研究会　一九八三年
13　「文禄三年定納員数目録」米沢図書館所蔵

四　戦国の城の維持・管理

1　『遺文』後北条氏編四五九七
2　黒田基樹『中近世移行期の大名権力と村落』校倉書房　二〇〇三年
3　佐脇栄智『後北条氏の基礎研究』吉川弘文館　一九七六年

4 注2前掲書
5 黒田基樹『百姓から見た戦国大名』ちくま新書 二〇〇六年
6 『遺文』八一五・九二五、田名村（神奈川県相模原市）代官・百姓中宛。
7 藤木久志『雑兵たちの戦場』朝日新聞社 一九九五年。『新版 雑兵たちの戦場』朝日選書 二〇〇五年
8 「山崎文書」一〇 栃木県史編さん委員会編『栃木県史』史料編〈中世四〉一九七九年。江田郁夫氏のご教示による。
9 盛本昌広『軍需物資から見た戦国合戦』洋泉社新書y、二〇〇八年
10 『遺文』三九〇五「針谷文書」
11 『遺文』二九三五「定め掃除の庭」。石塚三夫氏のご教示による。
12 注3前掲書
13 同右
14 池上裕子『戦国時代社会構造の研究』校倉書房 一九九九年
15 稲葉継陽「中世後期における平和の負担」『歴史学研究』七四二 二〇〇〇年。同「村の動員と陣夫役―戦国期における平和の負担」『戦争と平和の中近世史』青木書店 二〇〇一年 ほか
16 埼玉県編『新編 埼玉県史』資料編5・6〈中世古文書1・2〉一四〇一―〇三 一九八二・八〇年
17 『遺文』一八三七
18 藤木久志『日本中世気象災害史年表稿』高志書院 二〇〇七年
19 『遺文』一九二〇
20 藤木久志『村と領主の戦国世界』東京大学出版会 一九九七年
21 則竹雄一「北条領国下の年貢・公事収取体系」『定本北条氏康』高志書院 二〇〇四年

22 武相史料刊行会編「武州文書」一九五八〜六〇年
23 注8前掲「山崎文書」九。青木文彦氏のご教示による。
24 同右

五 戦国の城は村の避難所

1 高橋義彦編『越佐史料』巻四 名著出版 一九七一年
2 小田原市編『小田原市史』史料編〈原始・古代・中世1〉一九九五年
3 （ ）内は佐々木健策氏のご教示による。
4 藤木久志『雑兵たちの戦場』朝日新聞社 一九九五年、『新版 雑兵たちの戦場』朝日選書 二〇〇五年
5 『遺文』一一〇二「井上文書」
6 『遺文』一三一二「上杉家文書」
7 石塚氏のご教示による。
8 小田原城跡での大木充由氏の示唆による。
9 『遺文』二五七五「牛込薫氏所蔵文書」
10 「山崎文書」九 栃木県史編さん委員会編『栃木県史』史料編 中世四 一九七九年。江田郁夫・青木文彦両氏のご教示による。
11 「山崎文書」一〇 同右
12 『十六・十七世紀イエズス会日本年報』Ⅲ
13 『上井覚兼日記』下 東京大学史料編纂所編「大日本古記録」5 岩波書店 一九五四〜五七年

六　秀吉軍襲来下の城

1　「浅野家文書」神奈川県企画調査部県史編集室編『神奈川県史』資料編1〈古代・中世1〉九七八四　一九七〇年
2　一夜城については、小田原市編『小田原市史』別編〈城郭〉（一九九五年）に詳細な記述がある。
3　『多聞院日記』三六〈天正十八年五月十六日条〉角川書店版　一九六七年
4　注2前掲書
5　小笠原清氏のご教示による。
6　注2前掲書
7　「水村家文書」川越市立博物館蔵。黒田基樹氏のご教示による。
8　菖蒲龍兆「鉢形城の由来」『郷土のあゆみ』二八。石塚三夫氏のご教示による。
9　「加能越古文叢」埼玉県編『新編　埼玉県史』資料編5・6〈中世古文書1・2〉一五五四　一九八二・八〇年
10　「筑紫文書」同右一五七六
11　『遺文』三三三九
12　『遺文』三三五四・三三五五
13　『遺文』三三五八。注12・13は青木文彦氏のご教示による。
14　東松山市教育委員会事務局市史編さん課『東松山市史』資料編　第二巻　一九八二年
15　同右
16　現状確認は吉見町教育委員会の太田賢一氏のご協力による。
17　「石田家文書」騎西町史編さん係編『騎西町史』中世資料編二六六　騎西町教育委員会　一九九〇年
18　青木文彦氏の用語。

19 和田竜『のぼうの城』小学館、二〇〇七年。八巻孝夫氏のご教示による。
20 「忍城戦記」(伝天正十八年成立、寛政十年書写) 柴田常恵、稲村坦元編輯『埼玉叢書』第二巻 国書刊行会 一九七〇年。塚田良道氏のご教示による。
21 『史蹟名勝天然記念物調査報告書』一三〇。「迅速測図」とも、埼玉県立文書館所蔵。同館の諸岡勝氏のご教示による。
22 注20前掲書
23 この当時の賃金相場については、小著『新版 雑兵たちの戦場』朝日選書 二〇〇五年、Ⅳ章を参照。
24 「真田家文書」上巻 一九 長野市編 一九八一年。黒田基樹氏のご教示による。
25 藤木久志『豊臣平和令と戦国社会』東京大学出版会 一九八五年
26 『日本城郭大系』16巻〈大分・宮崎・愛媛〉新人物往来社 一九八〇年
27 『ビジュアルワイド 日本名城百選』小学館 二〇〇八年。八巻孝夫氏のご教示による。
28 『日本城郭大系』18巻〈福岡・熊本・鹿児島〉新人物往来社 一九七九年
29 川添昭二「中世の豊前香春・香春岳城」香春町教育委員会編『香春岳』一九九二年。八巻孝夫氏のご教示による。
30 毛利右馬頭宛『豊公遺文』「高木文書」
31 藤木久志『雑兵たちの戦場』朝日新聞社 一九九五年、『新版 雑兵たちの戦場』朝日選書 二〇〇五年
32 同右
33 注25前掲書 一六六頁以下。藤木久志『刀狩り』岩波新書 二〇〇五年
34 同右
35 ルイス・フロイス『日本史』中央公論社 一九七七~八〇年

36 ハンス・K・シュルツェ『西欧中世史事典』〈千葉徳夫他訳〉ミネルヴァ書房　一九九七年
37 ピエール・スイリー「ヨーロッパ中世の城」『週刊朝日百科　日本の歴史別冊　歴史を読みなおす』15〈城と合戦〉朝日新聞社　一九九三年
38 堀米庸三編『中世の森の中で』生活の世界歴史6　河出文庫　一九九一年
39 注31前掲
40 ジョルジュ・デュビィ『ヨーロッパの中世――芸術と社会』池田健二ほか訳　藤原書店　一九九五年

七　穴を掘って埋める

1 『雑兵たちの戦場』朝日新聞社　一九九五年。『新版　雑兵たちの戦場』朝日選書　二〇〇五年
2 川合康編著『平家物語を読む』吉川弘文館　二〇〇九年
3 『親長卿記』〈史料纂集〉続群書類従完成会　二〇〇〇年
4 「慈光寺略記」
5 ルイス・フロイス『日本史』8　中央公論社版
6 『雑兵物語』中村通夫・湯沢幸吉郎校訂　岩波文庫　一九六五年
7 『中世の地下室』東国中世考古学研究会編　高志書院　二〇〇九年
8 藤木久志「内戦のなかの村と町と城」『土一揆と城の戦国を行く』朝日選書　二〇〇六年
9 『武蔵野』三―九　雄山閣　一九二七年
10 清野利明氏のご教示による。
11 「雲金妙本寺文書」『東松山市の歴史』上巻
12 嶋谷和彦「出土銭貨の語るもの」『モノとココロの資料学』高志書院　二〇〇五年。伊藤正義氏のご教示による。

13 『加茂郷土誌』三〇号　加茂郷土調査研究会　二〇〇八年。関正平氏、中澤資裕氏のご教示による。
14 「三浦和田羽黒氏文書」加茂市史編集委員会編『加茂市史』資料編1〈古代・中世〉八三　二〇〇五年
15 大甕出土当時、緊急調査に当たった玉林美男氏のご教示による。
16 二〇〇九年現在、浄智寺の銭甕の銭は、横浜市にある鶴見大学文化財学科の手で整理中である。
17 鎌倉市教育委員会社会教育部文化財保護課編『鎌倉市埋蔵文化財発掘調査年報　昭和46年度〜52年度』Ⅰ（玉林美男他著）一九八三年。品川歴史資料館の柘植信行氏・冨川武史氏・伊藤正義氏のご教示による。
18 深澤靖幸氏の現地ご案内による。柘植信行氏・冨川武史氏のご教示も得た。
19 『伝・泉福寺遺跡――石白中世備蓄古銭の報告書』湯沢町教育委員会　一九七六年。現地の桑原孝氏のご教示による。
20 網野善彦「境界領域と国家」『日本の社会史』2　岩波書店　一九八七年
21 松村恵司編著『日本の美術』五一二号〈出土銭貨〉独立行政法人国立文化財機構監修　二〇〇九年。柘植信行氏のご教示による。
22 鈴木公雄「出土銭貨から中世の銭を復元する」『新視点　日本の歴史』四〈中世編〉新人物往来社　一九九三年
23 峰岸純夫「荘園公領制と流通――船と銭と陶磁器」『中央史学』三〇　二〇〇七年。同氏のご教示による。
24 注21前掲書
25 注22前掲書
26 橋口定志「『埋納銭』の呪力」『新視点　日本の歴史』四〈中世編〉新人物往来社　一九九三年
27 中村元他編『岩波仏教辞典』第二版　岩波書店　二〇〇二年

28 同右「地鎮具」の項参照
29 注12前掲書
30 小野正敏「銭と家財の所有」『中世の出土模鋳銭』高志書院　二〇〇一年。伊藤正義氏のご教示による。
31 櫻木晋一「出土銭貨からみた中世貨幣流通」鈴木公雄編『貨幣の地域史』岩波書店　二〇〇七年
32 清野利明「日野市程久保発見の『義経の隠れ穴』残影——『地下式坑』の機能を予察する」『民具マンスリー』41—12　二〇〇九年
33 深澤靖幸「中世の武蔵府中」浅野晴樹・齋藤慎一編『中世東国の世界』2〈南関東〉高志書院　二〇〇四年
34 『広報ひの』
35 滝沢馬琴『兎園小説』第二集「武州多摩郡貝取村掘出の古碑」『日本随筆大成』〈第二期〉1　吉川弘文館　一九七三年。高牧實氏のご教示による。
36 注33前掲論文
37 黒尾和久「立川氏館跡の発掘調査をめぐって——多摩川中流域の中世考古学」『多摩のあゆみ』一一八　一九九五年
38 芝田英行氏のイメージ図も添えられている。
39 古泉弘『江戸の穴』柏書房　一九九〇年
40 房総中近世考古学研究会・東国中世考古学研究会編『全国地下式坑集成資料集』二〇〇七年。井上哲朗氏のご教示による。
41 深澤靖幸氏のご教示による。
42 北澤滋「千葉県における大規模地下式坑群の様相」橘考古学会編『多知波奈の考古学　上野恵司先生追悼論集』六一書房　二〇〇八年

八　隠物・預物の習俗

1 「安治共有文書」宮川満『太閤検地論』三　御茶の水書房　一九七七年。原文は行方不明。
2 笠松宏至他校注『中世政治社会思想』下〈日本思想大系新装版〉岩波書店　一九九四年
3 『邦訳日葡辞書』岩波書店　一九八〇年
4 藤木久志「中世庄屋の実像」『戦国の作法』第九章　講談社学術文庫版　二〇〇八年
5 勝俣鎮夫『一揆』岩波新書　一九八二年
6 「八幡町共有文書」『滋賀県八幡町史』一九四〇年
7 藤木久志『豊臣平和令と戦国社会』東京大学出版会　一九八五年
8 「久下文書」三七　兵庫県史編集専門委員会編『兵庫県史』史料編〈中世三〉一九八八年
9 最新情報については、井原今朝男『中世の借金事情』（吉川弘文館　二〇〇九年）参照。
10 「西光寺文書」『和歌山県史』中世史料一　一九七五年
11 「鞆淵八幡神社文書」二〇　同右
12 東京大学史料編纂所編『史料綜覧』巻十　東京大学出版会　一九八二年
13 『政基公旅引付』本文編（中世公家日記研究会編）日本史史料叢刊1　和泉書院、一九九六年
14 注5前掲書
15 注13前掲書
16 「中下臈検断之引付」（薬師寺蔵）田中稔編『奈良国立文化財研究所研究論集』Ⅱ　一九七四年
17 注13前掲書
18 同右
19 注5前掲書

20 『多聞院日記』角川書店版　一九六七年
21 「本福寺跡書」井上鋭夫編注『蓮如・一向一揆』〈日本思想大系〉17　岩波書店　一九七二年
22 『遺文』後北条氏編　一五一二「相州文書」
23 岩崎宗純「弘治二年畑宿の退転をめぐって」『おだわら』一　一九八七年。黒田基樹氏のご教示による。
24 注10前掲
25 藤木久志『雑兵たちの戦場』朝日新聞社　一九九五年、『新版　雑兵たちの戦場』朝日選書　二〇〇五年
26 「菅浦文書」九三八　滋賀大学経済学部史料館編・滋賀大学日本経済文化研究所編　滋賀大学日本経済文化叢書　有斐閣　一九六〇・六七年
27 藤木久志「村の惣堂」『村と領主の戦国世界』東京大学出版会　一九九七年
28 「王子神社文書」一二一三
29 『寺院神社大事典』〈大和・紀伊編〉（平凡社　一九九七年）、「称念寺」の項参照。
30 注20前掲書
31 注13前掲書。永正元年（一五〇四）三月二十八日条
32 宮本常一『庶民の発見』講談社学術文庫　一九八七年
33 「時国家文書」（「村々御年貢米之入米之覚之事」翻刻版三三号）。窪田涼子氏の教示による。
34 注21前掲書
35 注20前掲書
36 『言国卿記』〈史料纂集〉５集　続群書類従完成会　文明七年五月六日条
37 奥野高広「室町時代に於ける土倉の研究」『史学雑誌』四四―八
38 桑山浩然「室町幕府経済機構の一考察」『史学雑誌』七三―九

39 『大日本史料』十二編 巻十五・十八・二十一他
40 「清水寺文書」『兵庫県史』史料編〈中世二〉
41 注20前掲書
42 深谷幸治「地域寺院をめぐる在地の秩序と法慣習」比較法史学会『*Historiajuris* 文明社会における異文化の法』比較法制研究所刊 未来社発売 二〇〇七年
43 「長命寺文書」同右の深谷論文から抄出、読み下し
44 「竹生島文書」『東浅井郡志』巻4 滋賀県東浅井郡教育委員会 日本資料刊行会 一九七五年
45 注43前掲書
46 注42前掲書
47 注20前掲書
48 同右
49 「網干郷文書」『兵庫県史』史料編〈中世三〉
50 注20前掲書
51 「森田文書」五『越前若狭古文書選』(牧野信之助選輯) 福井県名著刊行会 一九七一年
52 注20前掲書 天正二十年七月の条
53 注21前掲書
54 黒田日出男「こもる・つつむ・かくす」『日本の社会史』8 岩波書店 一九八七年
55 清水克行「洛中アズケ物」『室町社会の騒擾と秩序』吉川弘文館 二〇〇四年
56 古泉弘『江戸の穴』柏書房 一九九〇年。清野利明氏のご教示による。
57 同右
58 「小田島義夫家文書」関正平氏のご教示による。

59 『日本国語大辞典』（小学館）「誂える」、その方言の項も参照。
60 『横田徐翁日記』石瀧豊美「『筑前竹槍一揆』と『解放令』」『部落ふくおか』四一。同氏のご教示による。
61 『広辞苑』第六版　岩波書店　二〇〇八年

おわりに

1 藤木久志『雑兵たちの戦場』朝日新聞社　一九九五年。『新版　雑兵たちの戦場』朝日選書　二〇〇五年
2 小和田哲男「戦国期山城の再検討」『城郭史研究』二八　二〇〇八年
3 大山喬平「ムラを忘れた歴史学」『歴史評論』七〇九　二〇〇九年他

あとがき

「戦争や飢餓に、いつも身構えた戦国社会」のサバイバルのナゾ（危機管理の習俗）を、二十年余り追い続けてきた。そのナゾ解きと発見の楽しみを、こんどは城と隠物に焦点をしぼって、学び直してみようと思い立った。旧著の読み直しもある。

初めは、多くの内外の先学の成果に頼りながら、各地の城や隠穴など、遺跡歩きにも熱中した。そのつど、各地の考古学者たちの真摯な研究に感動した。思いがけない新しい情報や見方を教えて下さった方々、遠くまで同行して下さった方々も少なくない。

また、日本中世史の伊藤正義さん（横浜）・中国学の岩本篤志さん（新潟）・西洋中世史の服部良久さん（京都）・イタリア史の佐藤公美さん（ミラノ）は、私の覚束《おぼつか》ないメールに応えて、しばしば助けていただいた。その応援のお陰で、私の視界もしだいに広がっていった。

戦国の預物・隠物という、民間の危機管理の習俗は、いつしか身構えるようになった現代にも、なにがしか示唆を提出することができるだろうか。

中世の戦場の村々には、「いざというとき」の人びとの英知が光って見えるからである。

こんども また、小さなナゾ解きから生まれた、本書を六冊目の朝日選書として採用して下さった編集長・岡恵里さんのあついご好意に、あらためて深く感謝したい。また、私の本の編集をいくども快く引き受けて、厳しく励まして下さっている能登屋良子さんのご教示とご尽力にも感謝を献げたい。

ひそかに応援してくれた妻の香代子と娘まどかにも「ありがとう」をいいたい。

二〇〇九年　セミしぐれの日に

藤木久志

文庫版解説

千田嘉博

私たちは『城と隠物の戦国誌』を今こそ読むべきだと思う。現在、日本も世界も新型コロナウイルスの感染拡大に苦しみ、大きな混乱のなかにある。日本政府から各世帯に届けられたのはマスク二枚と一人当たり一〇万円の給付金。どれだけ自粛していても感染が拡大すれば、政府は「気の緩み」と国民を指弾し、職を失った人は数知れず、自殺者が急増しても、自己責任の「共助」「自助」ばかりが求められる。

この二〇二〇年の状況は、本書で藤木氏が描いた飢えと貧困と暴力が横行した戦国時代と、どれだけ異なるだろう。戦国の民衆は自分自身の知恵と腕力で生き抜いた。だから中世は「自力救済」の社会とされる。しかし二一世紀の私たちの時代も、政府や勤め先を頼れず「自力」でサバイバルするしかない、もうひとつの戦国時代になってはいないか。本書の冒頭で藤木氏が「私たちの生きる現代もまた、『身構えた社会』そのものではないか」と投げかけた問いは、新型コロナウイルスによって分断や貧困、環境・災害などの課題が一層浮き彫りになった今、改めて深く心に響く。

本書の執筆にあたって藤木氏がよった『戦国の作法』『戦国の村を行く』『村と領主の戦国世界』はいずれも衝撃をもって迎えられ、戦国史研究や城郭研究に大きな影響を与えた。そうして「戦争や飢餓に、いつも身構えた戦国社会のサバイバルのナゾ（危機管理の習俗）」を追求してきた著者が、さらに現地を訪ね、各地の考古学者との議論を重ねてまとめたのが本書である。

大名や公家、僧侶などの視点から語られてきた戦国社会を、民衆の視点から捉え直した本書は、従来の戦国社会の見方と、そのイメージを根底からくつがえす斬新さを備え、画期的な歴史の読み解きに満ちている。根拠になる史料をひとつひとつ提示し釈文を付して、平易に誰もが内容を理解できる細やかなくふうは、藤木氏が研究の成果を学問世界だけでなく市民に届けることで、私たち一人ひとりが戦国の民衆のように時代を主体的に切り開いていく手がかりに本書がなるのを意図したからだろう。だから本書は精緻な歴史書であるとともに、一貫した強いメッセージ性をもっている。

村が戦争の危機に直面したとき、何もしなければ敵方の雑兵たちによって、人は「人取り」されて連れ去られ、財産は「乱取り」によって奪われた。しかし戦国の民衆はこの過酷な状況を生き抜く危機管理方法をもっていた。それが本書のテーマである「城」と「隠物」だった。

これまで城は武士が民衆を抑えつけた支配の拠点とされてきたが、実は戦国の城は村人たちの避難所であり、城の維持・管理も村ごとに分担して行っていた。中国の城郭ではそもそも領主の「城」と民衆の「郭」によってできていた。そして城郭から離れたところには民衆が自衛のためにつくった臨時の村の城「塢」が発生し、周囲に城壁を備えた常設の村の城へと発展していった。そうした中国で古代から認められた「堅壁清野」の作戦が、日本の戦国の習俗にもあったのを、著者は各地の実例を史料と現地調査によって解き明かしていく。

中世の民衆が戦時に城や寺社に避難したことの意味は、長い間、注目されてこなかった。それは城や合戦を論じるのはアカデミックな歴史研究ではないという意識が、一九七〇年代まで強かったのに理由の一端があった。ようやく一九八〇年代になると、日本各地に遺跡として残る中世の城跡を地表面観察から把握して考える縄張り調査が、歴史研究の方法として認知されるようになった。

本書の冒頭に登場する村田修三氏は、歴史研究としての城郭研究を先頭に立って推進した研究者である。著者は、城を「階級支配の道具」と位置づけ、村びとの暮らしとは無縁のものと考えた研究者の代表として村田氏を挙げる。しかし私はこの評価が適切とは思えない。村田氏は大和のさまざまな城跡を通じて在地構造を分析するなかで、はやくから環濠集落をはじめとした「村人たちがつくり維持した城」に注目し、また寺社の境内にあった城の考察をしてきたからである（村田修三「城跡調査と戦国史研究」『日本史研究』第二一一号、一九八〇年ほか)。

本書で著者が明らかにしたように、戦国の城が「避難所」として機能したことは確実といえよう。その一方で城が大名の軍事と地域支配の拠点であったことも事実であり、城が階級支配の道具であったのを見落としてはいけないと思う。その上で、藤木氏が本書を通じて明らかにした戦国の城が民衆の避難所でもあったという事実を、城郭考古学で遺構と遺物からいかに実証的に理解するかが、私たちに託された課題である。

本書のなかで著者がしばしば論及したように、民衆の避難施設が簡素な小屋で、考古学的な痕跡を残しにくいという特性があった。大事なものは「隠物」「預物」にして城内に身ひとつで、あるいは牛や馬、鶏とともに逃げ込んだとしても、地面に痕跡を留めないような草木でできた小屋に寝泊まりしたとすれば、緻密な発掘を重ねても実証するのは難しい。

本書ではヨーロッパのゲルマンの城を取り上げて、城に民衆が避難した場所が、城内の空地として考えられることを示した。そうした状況はたとえばモンゴルにある、十一世紀の契丹(遼)時代の城郭都市チントルゴイでも認められる。ここでは建物基壇が建ち並ぶ区画と、明確な建物痕跡が認められない区画が存在した(千田嘉博・坂本俊ほか編『チントルゴイ城跡の研究4——モンゴル遼代城郭都市の構造と環境変動』奈良大学、二〇一五年)。また元軍が一三世紀に築いたと推測されるロシアのサハリン南端にある白主土城(クリリオン城)の発掘では、城壁が囲んだ城内に建物痕跡が認められなかった(前川要編『北東アジア交流史研究』塙書房、二〇〇七年)。

モンゴルとサハリンの事例は、いずれも簡易な建物である「ゲル」を用いたからと考えられ、現在のモンゴル・ウランバートルでも、鉄筋コンクリートの建物が建ち並ぶ中心市街地のまわりに、どこまでもゲルがつづく広大な地区が展開するのを見られる。現代のゲルを将来発掘したとしても、的確に痕跡を把握できないだろう。

国内では秋田県の鹿角市の乳牛館で、厳重に堀と土塁で守った戦国期の曲輪内であったのに発掘で明確な建物を検出しなかった事例がある。まさに避難所として用いた可能性があると思う(秋田県教育委員会『東北縦貫自動車道発掘調査報告書Ⅷ・Ⅸ』一九八四年、千田嘉博『織豊系城郭の形成』東京大学出版会、二〇〇〇年)。

民衆が「城あがり」をしてどのようにすごしたかを城郭考古学的に把握できた希有な事例が、一六三七年(寛永十四)に起きた島原天草の乱の原城である。世界文化遺産に指定された長崎県南島原市の原城跡の発掘では、一揆に加わった民衆が城内でくらした竪穴建物を多数検出している。そして竪穴建物内で討たれた一揆方の人も発見していて、戦いの悲惨さを伝えている。

このように一般的に発掘調査で痕跡を見つけにくいために、民衆が城のどこに、どのように避難したかを確定するのは難しい。著者は各地の城を訪ねて、その可能性を探っていく。その事例として山形県尾花沢市の二藤袋楯を取り上げ、城が村の避難所だった可能性を指摘した。しかし河岸段丘を背にした主郭と惣構えで守った外郭で構成した整った姿からは、積極的に村の避難所であったと評価してよいか疑問が残る。

さらに著者は、城の惣構え内や城に近接した場所が避難所になった可能性を考えていく。事例として示された小田原城「百姓曲輪」を私も調べたことがあるが、秀吉による小田原攻めを契機にした小田原城の巨大な惣構えができる前は、丘陵の一角ではあっても特に防御に適した立地ではなかった。惣構え成立後は避難の場所として成り立っても、それ以前から長く地域の民衆の避難場所として存在したと考えてよいだろうか。

そもそも惣構えなど城の外郭が、民衆の避難の場であることを主たる目的にしたかも、検討する余地がある。一五八四年（天正十二）の小牧・長久手の戦いに際して、織田信雄が最前線の岐阜県海津市の松ノ木城を守った吉村氏吉に対して、

加勢の儀を申してきたことはわかった。すぐに猛勢が取り巻くのであれば、少々の加勢を遣わしても如何かと思うので、あらかじめ外構えは撤退して、本城だけを専一に抱えるように覚悟するのがもっともである（「吉村文書」1）

と五月五日に書き送った。そしてほぼ一ヶ月後の六月二日に再度の援軍要請を受けた信雄

は、

加勢の儀は、先日申したように、五百、千遣わしても、惣構えは持っていないとのことで、また本城の儀は、ちいさいので、加勢にはおよばない。納得して、丈夫に覚悟すべきである（「吉村文書」1）

と通告した。つまり松ノ木城の惣構えは、大名からの援軍を受け入れる駐屯スペースとして、きわめて大きな意味をもった。もちろんそれは惣構えに民衆が避難したという理解を妨げないが、民衆の避難の場所として惣構えがつくられたというより、大規模な大名間戦争になると、それぞれの城は城主の自力では守れないのを承知で大きな惣構えを備えて、大軍の駐屯スペースを準備したのである。

だから各地の戦国の城の多くは巨大な惣構えを備えた。しかしそれは個々の城主の力を証明したものではなく、大名の軍事力に組み込まれた城主の姿を示すものだった。ただし惣構えは織豊期以前の戦国期から広く認められた。その事例として、尾張統一の歩みを進めていた織田信長の居城、清須城を見てみよう。信長が出陣中に攻められた場合に、

町人も惣構えをよく城戸をさし堅め（『信長公記』首巻）

と信長が指示したとあるように、町人が惣構え防衛の主力を担ったのがわかる。信長の出陣中だから臨時のことと解釈することもできるが、清須の町人のなかにはその後、三方ヶ原の合戦に加わって戦死した者もおり、惣構えを守ることがそもそも町人や、惣構えの中に住んで周辺の田畑を耕作した農民の役割だった可能性もあったのではないか。

そう考えると、一五九〇年（天正十八）の秀吉の小田原攻めに対して、埼玉県の松山城主が累年城下にくらした町人たちに籠城を懇請したことが注目される。町人たちは必ず城主の城へ逃げなければならなかったのではなく、城主が籠城戦に勝つと予測すれば「城あがり」し、城主が負けると予測すれば、城主を見捨ててほかに避難したのが実態だった。城とは別にあった山中の「山小屋」「村の城」に籠もって難を逃れたのも、民衆のひとつの積極的な選択だった。そして持ち運べない財産は、穴を掘って埋めて隠したり、寺社や他所の村や町に預けたりした「隠物」「預物」で掠奪から守った。中世集落の発掘調査ではおびただしい穴や溝を見つけるが、そのなかで大きな穴を土坑と呼ぶ。著者が指摘したように、そうした土坑の中には財産を隠したものが多数あったに違いない。

これも考古学から証明するのは難しい。戦いの後に埋めた財産を持ち主が掘り出してしまえば、穴を掘った意図を明らかにするのはほとんど不可能である。当事者にとっては不幸なことだが、土中に財産が残された事例をどう分析するかが課題になる。

検討してきたように、本書が示した個々の城や遺構の解釈には、再検討が必要である。しかし著者が解き明かした民衆の危機管理の習俗の意義はゆるがない。本書は戦国史をとらえ直した名著である。その『城と隠物の戦国誌』が、ちくま学芸文庫の一冊になって永く読み継がれていくのを、心からよろこびたい。

（せんだ・よしひろ　城郭考古学者／奈良大学 教授）

本書は二〇〇九年一二月二五日、朝日新聞社より刊行された。なお、Ⅰ編については、『戦国の作法』（平凡社、一九九七年）・『戦国の村を行く』（朝日新聞社、一九九七年）、Ⅱ編については、『村と領主の戦国世界』（東京大学出版会、一九九七年）によりつつ、書き下ろされた。

一揆の原理　呉座勇一

虐げられた民衆たちの決死の抵抗として語られてきた一揆。だがそれは戦後歴史学が生んだ幻想にすぎない。これまでの通俗的理解を覆す痛快な一揆論！

甲陽軍鑑　佐藤正英校訂・訳

武田信玄と甲州武士団の思想と行動の集大成。大部から、山本勘助の物語や川中島の合戦など、その白眉を収録。新校訂の原文に現代語訳を付す。

機関銃下の首相官邸　迫水久常

二・二六事件では叛乱軍を欺いて岡田首相を救出し、終戦時には鈴木首相を支えた著者が明かす、天皇・軍部・内閣をめぐる迫真の秘話記録。（井上寿一）

増補 八月十五日の神話　佐藤卓己

ポツダム宣言を受諾した「八月十四日」や降伏文書に調印した「九月二日」でなく、「終戦」はなぜ「八月十五日」なのか。「戦後」の起点の謎を解く。

考古学と古代史のあいだ　白石太一郎

巨大古墳、倭国、卑弥呼。多くの謎につつまれた日本の古代。考古学と古代史学の交差する視点からその謎を解明するスリリングな論考。（森下章司）

江戸はこうして造られた　鈴木理生

家康江戸入り後の百年間は謎に包まれている。海岸部へ進出し、河川や自然地形をたくみに生かした都市の草創期を復原する。（野口武彦）

増補 革命的な、あまりに革命的な　絓《すが》秀実

「一九六八年の革命は「勝利」し続けている」とは何を意味するのか。ニューレフトの諸潮流を丹念に跡づけた批評家の主著、増補文庫化！（王寺賢太）

戦国の城を歩く　千田嘉博

室町時代の館から戦国の山城へ、そして信長の安土城へ。城跡を歩いて、その形の変化を読み、新しい中世の歴史像に迫る。（小島道裕）

性愛の日本中世　田中貴子

稚児を愛した僧侶、「愛法」を求めて稲荷山にもうでる貴族の姫君。中世の性愛信仰・説話を介して、日本のエロスの歴史を覗く。（川村邦光）

琉球の時代　高良倉吉

いまだ多くの謎に包まれた古琉球王国。成立の秘密や、壮大な交易ルートにより花開いた独特の文化を探り、悲劇と栄光の歴史ドラマに迫る。（与那原恵）

博徒の幕末維新　高橋敏

黒船来航の動乱期、アウトローたちが歴史の表舞台に躍り出てくる。虚実を腑分けし、稗史を歴史の中に位置付けなおした記念碑的労作。（鹿島茂）

朝鮮銀行　多田井喜生

植民地政策のもと設立された朝鮮銀行。その銀行券等の発行により、日本は内地経済破綻を防ぎつつ軍費調達ができた。隠れた実態を描く。（板谷敏彦）

近代日本とアジア　坂野潤治

近代日本外交は、脱亜論とアジア主義の対立構図により描かれてきた。そうした理解が虚像であることを精緻な史料読解で暴いた記念碑的論考。（苅部直）

増補 モスクが語るイスラム史　羽田正

モスクの変容——そこには宗教、政治、経済、美術、人々の生活をはじめ、イスラム世界の全歴史が刻み込まれている。その軌跡を色鮮やかに描き出す。

日本大空襲　原田良次

帝都防衛を担った兵士がひそかに綴った日記。各地の空爆被害、斃れゆく戦友への思い、そして国への疑念……空襲の実像を示す第一級資料。（吉田裕）

餓死《うえじに》した英霊たち　藤原彰

第二次大戦で死没した日本兵の大半は飢餓や栄養失調によるものだった。彼らのあまりに悲惨な最期を詳述し、その責任を問う告発の書。（一ノ瀬俊也）

裏社会の日本史　フィリップ・ポンス　安永愛訳

中世における賤民から現代社会の経済的弱者まで、また江戸の博徒や義賊から近代以降のやくざまで——フランス知識人が描いた貧困と犯罪の裏日本史。

古代の朱　松田壽男

古代の赤色顔料、丹砂。地名から産地を探ると同時に古代史が浮き彫りにされる。標題論考に、「即身佛の秘密」、自叙伝「学問と私」を併録。

横井小楠　松浦玲

欧米近代の外圧に対して、儒学的理想である仁政を基に、内外の政治的状況を考察し、政策を立案し遂行しようとした幕末最大の思想家を描いた名著。

古代の鉄と神々　真弓常忠

弥生時代の稲作にはすでに鉄が使われていた！　原型を遺さないその鉄文化の痕跡を神話・祭祀に求め、古代史の謎を解き明かす。（上垣外憲一）

増補 海洋国家日本の戦後史　宮城大蔵

戦後アジアの巨大な変貌の背後には、開発と経済成長という日本の「非政治」的な戦略があった。海域アジアの戦後史に果たした日本の軌跡をたどる。

日本の外交　添谷芳秀

憲法九条と日米安保条約に根差した戦後外交。それがもたらした国家像の決定的な分裂をどう乗り越えるか。戦後史を読みなおし、その実像と展望を示す。

世界史のなかの戦国日本　村井章介

世界史の文脈の中で日本列島を眺めてみるとそこには意外な発見が！　戦国時代の日本はそうとうにグローバルだった！（橋本雄）

増補 中世日本の内と外　村井章介

国家間の争いなんておかまいなし。中世の東アジア人は海を自由に行き交い生計を立てていた。私たちの「内と外」の認識を歴史からたどる。（榎本渉）

武家文化と同朋衆　村井康彦

足利将軍家に仕え、茶や花、香、室礼等を担ったクリエイター集団「同朋衆」。日本らしさの源流を生んだ彼らの実像をはじめて明らかにする。（橋本雄）

古代史おさらい帖　森浩一

考古学・古代史の重鎮が、「土地」「年代」「人」の基本概念を徹底的に再検証。「古代史」をめぐる諸問題の見取り図がわかる名著。

大元帥 昭和天皇　山田朗

昭和天皇は、豊富な軍事知識と非凡な戦略・戦術眼の持ち主でもあった。軍事を統帥する大元帥としての積極的な戦争指導の実像を描く。（茶谷誠一）

居酒屋の誕生　飯野亮一

寛延年間の江戸に誕生しすぐに大発展を遂げた居酒屋。しかしなぜ他の都市ではなく江戸だったのか。一次資料を丹念にひもとき、その誕生の謎にせまる。

すし 天ぷら 蕎麦 うなぎ　飯野亮一

二八蕎麦の二八とは？　握りずしの元祖は？　なぜうなぎに山椒？　膨大な一次史料を渉猟しそんな疑問を徹底解明。これを読まずに食文化は語れない！

天丼 かつ丼 牛丼 うな丼 親子丼　飯野亮一

身分制の廃止で作ることが可能になった親子丼、関東大震災が広めた牛丼等々、どんぶり物二百年の歴史をさかのぼり、驚きの誕生ドラマをひもとく！

増補 アジア主義を問いなおす　井上寿一

侵略を正当化するレトリックか、それとも真の共存共栄をめざした理想か。アジア主義を外交史的観点から再考し、その今日的意義を問う。増補決定版。

十五年戦争小史　江口圭一

満州事変、日中戦争、アジア太平洋戦争を一連の「十五年戦争」と捉え、戦争拡大に向かう曲折にみちた過程を克明に描いた画期的通史。（加藤陽子）

たべもの起源事典 日本編　岡田哲

駅蕎麦・豚カツにやや珍しい郷土料理、レトルト食品・デパート食堂まで。広義の〈和〉のたべものと食文化事象一三〇〇項目収録。小腹のすく事典！

ラーメンの誕生　岡田哲

中国のめんは、いかにして「中華風の和食めん料理」へと発達を遂げたか。外来文化を吸収する日本人の情熱と知恵。丼の中の壮大なドラマに迫る。

士（サムライ）の思想　笠谷和比古

中世に発する武家社会の展開とともに形成された日本型組織。「家（イエ）」を核にした組織特性と派生する諸問題について、日本近世史家が鋭く迫る。

わたしの城下町　木下直之

攻防の要である城は、明治以降、新たな価値を担い、日本人の心の拠り所として生き延びる。城と城のようなものを歩く著者の主著、ついに文庫に！

ちくま学芸文庫

城《しろ》と隠物《かくしもの》の戦国誌《せんごくし》

二〇二一年一月十日　第一刷発行

著　者　藤木久志（ふじき・ひさし）

発行者　喜入冬子

発行所　株式会社　筑摩書房

東京都台東区蔵前二―五―三　〒一一一―八七五五

電話番号　〇三―五六八七―二六〇一（代表）

装幀者　安野光雅

印刷所　中央精版印刷株式会社

製本所　中央精版印刷株式会社

ISBN978-4-480-51024-2 C0121